古典文獻研究輯刊

十四編

潘美月・杜潔祥 主編

第 15 冊

《古今圖書集成・山川典》山水版畫研究

呂季如 著

國家圖書館出版品預行編目資料

《古今圖書集成·山川典》山水版畫研究／呂季如 著 — 初版
— 新北市：花木蘭文化出版社，2012〔民 101〕

目 8+222 面；19×26 公分

（古典文獻研究輯刊 十四編：第 15 冊）

ISBN：978-986-254-848-6（精裝）

1. 類書　2. 山水畫　3. 研究考訂

011.08　　　　　　　　　　　　　　　　101002999

ISBN-978-986-254-848-6

古典文獻研究輯刊
十四編　第十五冊　　　　　　ISBN：978-986-254-848-6

《古今圖書集成·山川典》山水版畫研究

作　　者　呂季如
主　　編　潘美月　杜潔祥
總 編 輯　杜潔祥
企劃出版　北京大學文化資源研究中心
出　　版　花木蘭文化出版社
發 行 所　花木蘭文化出版社
發 行 人　高小娟
聯絡地址　新北市永和區中正路五九五號七樓
　　　　　電話：02-2923-1455／傳真：02-2923-1452
網　　址　http://www.huamulan.tw 信箱 sut81518@gmail.com
印　　刷　普羅文化出版廣告事業
初　　版　2012 年 3 月
定　　價　十四編 20 冊（精裝）新台幣 31,000 元

《古今圖書集成・山川典》山水版畫研究

呂季如　著

作者簡介

呂季如，淡江大學中國文學碩士。

任職於國立故宮博物院圖書文獻處研究助理。

著作：

〈古籍生色——簡介院藏套印本《杜工部集》〉，（《故宮文物月刊》，298 期）。

〈論爭與流傳相終始的歷史地圖集——談院藏《歷代地理指掌圖》〉，

　　（《故宮文物月刊》，304 期）。

〈鐫畫山水——院藏「赤壁圖」版畫賞析〉，（《故宮文物月刊》，315 期）。

助理編撰：

《筆畫千里——院藏古輿圖特展》，（國立故宮博物院，2008）；

《捲起千堆雪——赤壁文物特展》，（國立故宮博物院，2009），

《黃金旺族——內蒙古大遼文物展》，（國立故宮博物院，2010）。

提　　要

　　以類書的版畫以及山水版畫為專題的研究，學術界迄今普遍不足；同樣的，以《古今圖書集成》的插圖為課題的研究，至今仍未見相關而全面的探討。有鑑於此，遂激起個人對這課題的興味。

　　本文以《集成·山川典》山水版畫，做全面的整理與研究，並與其他相關古籍中的山水版畫逐一的比對與分析。所舉文獻，除清雍正四年（1726）武英殿刊本的《集成》外，另採錄收圖形式較為相近的古籍，如《三才圖會》、《圖書編》、《海內奇觀》、《名山圖》、《南巡盛典》等書的山水圖版，舉例分析。

　　研究方法，除首、末章的緒論與結論外，第二章談清代早期以前山水版畫發展概況。第三章對《集成·山川典》山水版畫作評析，將〈山川典〉插圖內容；分成較具特色的三大類。如：五嶽、五鎮、宗教名山插圖；蘊含故事的人物或情節之插圖，以及具導覽性質的插圖。第四章評述《集成·山川典》山水版畫的特色；將〈山川典〉的插圖特色，分成三個方向說明。如：插圖收錄的廣博與精要；插圖表現的寫實與藝術，以及插圖的取材與形式；最後總結《集成·山川典》圖版的成就與價值。

目

次

圖表目錄
表 格

圖 版

第一章　緒　論

第一節　撰述本文之旨趣

一、研究動機

　　中國版畫作爲古籍中的插圖，雖是從屬性的藝術，常爲文字內容所制約；然而它並不是單純對作品內容的圖解，而是一種再創造，所以具有獨立性。〔宋〕鄭樵在《通志・圖譜略・索像》中，提到書中插圖的作用，云：

> 見書不見圖，聞其聲不見其形；見圖不見書，見其人不聞其語。圖，至約也；書，至博也。即圖而求易，即書而求難。古之學者爲學有要，置圖於左，置書於右；索象於圖，索理於書。故人亦易爲學，學亦易爲功。舉而措之，如執左契。後之學者，離圖即書，尚辭務說，故人亦難爲學，學亦難爲功。雖平日胸中有千章萬卷，及置之行事之間，則茫茫然不知所問，秦人雖棄儒學，亦未嘗棄圖書。……若欲成天下事業，未有無圖譜而可行於世者。〔註1〕

鄭樵在此解釋圖與文的差異，並強調圖像確實較文字更能引人矚目。

　　中國傳統版畫就是利用木板鏤雕畫作，再刷印產生的插圖，版畫的繪稿、布局、圖像，皆與繪畫有密切的關係，卻比繪畫能更廣泛地傳播。版畫主要有美化書籍、表現藝術形象，與圖解科學知識等功能。〔註2〕例如：佛經中的

〔註1〕　參〔宋〕鄭樵，《通志》，（臺北，里仁，1982），頁729。
〔註2〕　參周蕪，《中國古本戲曲插圖選》，（天津，天津人民美術，1985），頁1。此書

說法圖和經變圖，即是利用插圖裝飾書籍的方式，引起讀者閱讀興趣，具有宣傳性。附於小說、戲曲中的插圖，透過人物造型刻畫，形象地表達文字的豐富內涵，具通俗性；畫譜中的花草、禽蟲、詩作等專題內容，則是拓展了繪畫教育。而醫方、地理、天文與金石類等古籍中的插圖；多以直觀、寫實的圖像呈現，除了能滿足讀者的審美需求外，更加深對文字的理解。由上述可知，插圖對全書有畫龍點睛的效果，透過插圖使作品內容更能形象地向讀者傳遞。

中國古籍中的版畫插圖題材豐富；包含山水景觀、人物姿態、自然萬物、科技醫方等等。〔明〕履先甫於《禪眞逸史・凡例》云：

> 圖像似作兒態。然史書中炎涼好丑，辭繪之，辭所不到，圖繪之。
> 昔人云詩中有畫，餘亦云畫中有詩。俾觀者展卷，而人情物理，城
> 市山林，勝敗窮通，皇畿野店，無不一覽而盡。〔註3〕

文字所不能盡者，以圖鑑書，達到事半功倍之效果。中國版畫的發展歷史悠久，內容涵蓋多元，以小說、戲曲版畫作品最豐；其它尚有宗教宣傳品、科技圖書、人物肖像、名勝導遊、畫譜等等，足見版畫應用之廣，影響所及從知識階層到市井小民。版畫藝術經過明代的蓬勃發展，至清代已臻完熟，而清代中晚期，因西洋石印法及珂羅版印刷（collotype printing）的傳入等因素，木刻版畫才逐漸走向頹勢。

（一）針對山水版畫研究之專題較少

近年古版畫的價值日益凸顯，古籍善本拍賣圖錄中，收有版畫插圖的書籍，其價格普遍較僅鈔刻單純文字的來的高。〔註4〕目前學界研究古籍版畫插圖，多以戲曲、小說、畫譜所刊刻爲主，前二者具有故事性與通俗性，容易引人入勝，後者則具有繪畫入門的參考價值。以山水版畫爲課題的研究至今問津者少，多數僅有繪者或鐫者的生平及背景資料探討，或是談刷印技術的演變。對於畫面內容、風格及特色上的辨析，多未有詳細而具體之考述，實

提出中國古籍插圖大致可歸納爲裝飾型、說明型與欣賞型。另參徐潔，〈談談中國古籍插圖的幾種類型〉，載浙江省圖書館，《圖書館建設》，2001 年，第 01 期，頁 108。徐文認爲古籍插圖的發展，大致歸類爲裝飾型、說明型與欣賞型。

〔註3〕 參〔明〕方汝浩，《禪眞逸史》，（杭州，浙江古籍，1987），頁 1。明天啓年間（1621～1627）杭州爽閣主人履先甫原刊本，有圖 80 葉，故其〈凡例〉第五則中，特別說明圖像的重要性。

〔註4〕 參周心慧，《中國版畫史叢稿》〈前言〉，（北京，學苑，2002），頁 1。

屬可惜。

　　筆者曾撰〈鐫畫山水——院藏赤壁圖版畫賞析〉一篇，〔註5〕文中主要比較國立故宮博物院所藏古籍版畫中，文、武赤壁圖之構圖特色，〔註6〕其中包含屬類書性質的《三才圖會》、《古今圖書集成》以及地理遊記類的《名山圖》與《海內奇觀》等書。筆者於寫作過程中，驚艷數百年前山水版畫的細膩雕繪手法，大至氣象萬千的山水景色，小及細微的山石特徵，皆是運用線條與各種皴法來塑造。也初步觀察到古籍山水插圖之畫面繪刻取材、圖文相應的方式，以至於版面內容的設計等，皆與該書之類別及出版目的有著相當的關聯。

（二）《古今圖書集成》插圖研究成果缺乏

　　《古今圖書集成》（下文簡稱《集成》）繪刻插圖門類繁多，因成書年代較晚，多能取法歷來類書之優點，使得編排形式更為嚴謹完備；並進一步把「圖」作為一項內容，在疆域、山川、禽蟲、草木、器物等非圖不明的部類中使用。〔註7〕其中，〈山川典〉所附之山水圖版，各圖地點明確，以文字說明對應該處插圖的編錄方式，多為後人所稱道。

　　《集成》做為類書之集大成者，以皇室之資力並集宮廷中的繪刻聖手，成就該書精美宏富的插圖。目前學術界對《集成》研究著述甚多，近年更出版《集成》圖集與全文資料庫索引應用，但考述重點多集中在編纂史實、刷印版本等文獻資料做解讀。以此觀之，《集成》之研究層面雖漸有拓展，然所探討之主題仍不盡全面。尤其《集成》所附圖版精緻而又涵蓋廣泛，是該部書最明顯的特色之一，歷來取資者眾，〔註8〕但缺乏深入的研究，遂引起筆者欲窺其堂奧之興趣。〔註9〕

〔註5〕　參拙著，〈鐫畫山水——院藏赤壁圖版畫賞析〉，載國立故宮博物院，《故宮文物月刊》，2009 年，第 315 期，頁 62～71。

〔註6〕　東漢建安十三年（208）蒲圻西北長江南岸的赤壁之戰，奠定三國分立局勢。宋元豐五年（1082）蘇軾赴黃州遊赤壁，作前、後《赤壁賦》，使黃州赤壁之名日播。歷來稱蒲圻古戰地為武赤壁，東坡黃州為文赤壁。

〔註7〕　參孫永忠，《類書淵源與體例形成之研究》，（臺北，輔仁大學中國文學系博士論文，2005），頁 167。

〔註8〕　參齊秀梅、楊玉良等，《清宮藏書》，（北京，紫禁城，2005），頁 89。書中提及李約瑟（Joseph Needham，1900～1995）在《中國科學技術史》一書中大量引用《集成》中的圖。

〔註9〕　參吳清輝，《古今圖書集成相關問題研究》，（臺北，東吳大學中國文學研究所博士論文，2006），頁 203。吳清輝認為《集成》繪圖版刻等相關問題的研究成果甚少，也可說是幾乎沒有，十分可惜。

（三）《集成・山川典》插圖質與量俱佳

清代殿本山水版畫布局雅緻，強調紀實，又線條精細拘謹，多呈現出凝重、規整之美感，〔註10〕雖然畫面華麗、講究，但其詬病為缺乏自然情趣。〔註11〕筆者觀察《集成・山川典》二百一十三幅插圖，原本是表現山川形勢的實用之圖，在有限的畫面空間，描繪豐富的地質形態，內容上能多方取材，又製作精湛。〔註12〕圖版包羅中國東北至西南地區十五省的各大山嶽，不乏許多新穎靈活的畫面，達到寫實表現之目的，亦不失其藝術特點。筆者認為《集成・山川典》山水版畫在數量與質量上皆有傑出的展演，故本文秉此為出發點，針對是書圖文參照關係；圖版內容分類，以及繪刻圖像表現特點等方向做一梳理。

二、研究方法

本文研究方法將以闡明插圖版面範圍的界定；插圖出處之古籍類別；插圖使用版本的說明，以及架構概述等四個部份，來說明文中所涵蓋山水圖版的範疇以及縷析比較之方式。

（一）插圖版面範圍的界定

《集成・山川典》山水版畫全數皆以雙幅合葉的形式繪刻，此式樣屬中國古籍山水版畫的其中一種繪刻版面，筆者茲整理常見之四種山水版面表現形態：〔註13〕

〔註10〕 參羅筠筠、許明，《華夏審美風尚史》第八卷，（鄭州，河南人民，2000），頁156。論及清殿本山水版畫作品，內容較為狹窄、單一，雖不脫離生活，有些也非常寫實，但他多反映帝王生活與事功中值得誇耀的方面，諸如歌頌帝王行獵、征討等活動的畫作。

〔註11〕 參齊秀梅、楊玉良等，《清宮藏書》，（北京，紫禁城，2005），頁171。是書認為清殿版畫描寫以統治者的欣賞品味為準則，展示大清帝國遼闊的疆域及山川輿地風貌，由於版畫內容及其表現形式，皆由皇帝欽定方可付刻。繪刻者受到種種侷限，因而內容和手法，集中反映帝王們的政治傾向和藝術情趣，並以宣揚本朝盛世、武功、文治為多，繪刻技法以繁縟富麗見長，而生動活潑不足。

〔註12〕 趙達雄，〈中國古籍的插圖〉，收於《中國文化月刊》，2004年，第278期，頁93～109。文中說：「清代古籍插圖還必須涉及兩套卷帙浩繁的鴻篇巨制：其一為大型類書《古今圖書集成》……插圖宏博，其山川地志名物圖錄均為良工刻木，極為精細。」

〔註13〕 參繆咏禾，《中國出版通史》〈明代卷〉，（北京，中國書籍，2008），頁290。

1. 半葉形式：畫面刻於半個葉面上，例《三才圖會》中的山水版畫即多以此形式呈現。

2. 全葉形式：以一個全葉的版面繪刻，翻閱時可將整個葉面拉開，例《御製避暑山莊三十六景詩圖》與《御製園明園四十景圖》即以此方式表現。

3. 雙幅合葉：兩個不同版面的半葉合成一圖，圖版的前半部與後半部分開雕刻，一經古籍線裝方式裝訂後，翻閱畫面時便可同時展現，例《名山圖》與《集成・山川典》之山水插圖即以此方式繪刻。

4. 多葉連幅：將山水園林長卷分段成若干圖版，每幅相接，例《萬壽盛典初集》各葉畫面接續，若將 148 葉全數攤開相連，則成一幅長卷。

因為《集成・山川典》的插圖繪刻皆採雙幅合葉圖版，故本文在與他書山水版畫作對照時，為求圖版比例與版面配置上的對等與協調，筆者逐針對相近之圖版篇幅做比對。而多葉連幅的山水圖版，雖能有更詳盡、細緻的描繪地理風貌，如明萬曆年間（1573～1620）刻本《武夷志》及清康熙年間（1662～1722）刻本《武夷山志》，將武夷山的九曲美景分別繪圖，但此種方式明顯與《集成・山川典》的一山一圖篇幅相差甚多，故本文不將此類圖版列入與《集成》圖版的比較。

（二）插圖出處之古籍類別

《集成・山川典》各山部的附圖地點遍及中國各省，且各圖皆有一個明確的山部圖名。筆者在分析這些圖版時，將取同為類書的《三才圖會》與《圖書編》之地理門類的插圖為主，其圖版涵蓋之地理範圍亦廣，並多以一山一圖的方式繪刻。而多數山嶽歷來即為賞遊勝地，故遊記導覽書籍如《海內奇觀》、《名山圖》將各地山川美景收於一書，前者圖文並茂，所收圖版內容詳盡；後者則可獨立視為一本圖冊，欣賞之際，能概略知曉各地之山嶽形貌。又《南巡盛典》的〈名勝〉一門中，鐫繪多幅山嶽形勝圖，乃清乾隆皇帝於江南巡遊所經之名山佳景。筆者在寫作中，茲將以上述諸書中標有明確山名的山嶽圖版為主，舉例說明之。

此書說明版畫以四種形式呈現：單頁、雙幅合頁、連續若干幅長卷分段及連環圖等四種，其中連環圖乃針對一幅圖畫情節相連，畫面不相接者。由於山水插圖並無情節表現，故本文根據山水插圖之特點，加入全頁形式之插圖種類。

　　繪刻有山水版畫的古籍尚有方志、畫譜、戲曲及小說等。方志中尤以山志所收山水圖版最爲豐富，對於該山風貌之描繪，有的較爲簡略，如明萬曆七年（1579）《牛首山志》僅卷首一幅「牛首山圖」；有的則極爲詳盡，如清乾隆年間（1736～1795）刻本《廣雁蕩山志》，針對雁蕩山之東、西、內、外谷分圖寫繪。又同樣爲乾隆年間（1736～1795）刻本《金山志》，將金山分南、西、北、東四個方位，以環視角度做細部描寫。然因山志中的山水圖版類型龐雜，版本眾多，沒有統一的鐫畫方式，筆者遂不納入與《集成‧山川典》山水插圖的比較之列。而畫譜乃是將古書畫以圖例的方式繪刻，提供後代參仿及畫法之傳承，其圖版內容並非屬某一特定地點的景觀，僅能以景物類別、版面樣式，及畫法特色等來區分圖版，故亦不列入本文與《集成‧山川典》山水插圖作比較。再者，戲曲、小說中的山水插圖，多爲圖解文字內容之意境，或做爲人物背景的說明與搭襯，與本文所談具體地點；並標有山嶽名稱的山水景觀插圖，立意有別，故也不列入本文討論。

（三）插圖使用版本

　　鄭振鐸於《中國版畫史圖錄》編例中第六項，云：「版畫之書，貴于得初印之本，後印者每多圖形模糊，失大神彩。亦往往挖改刻工姓氏，不足考信。編者于此，搜訪鈎稽，殊費苦心，同一書也，有集合諸本，多至三四種者。凡本書所收，務擇其精良者。非初印本必不可得，不以印本入錄。」〔註 14〕可知，古籍版本的研究都極爲重視初版。本文寫作所依據之圖版，便是《集成》的第一版，該槧爲清雍正四年（1726）武英殿刊本。〔註 15〕目前已出版之《古今圖書集成圖集》，爲《古今圖書集成圖集》編委會，利用中國國家圖書館所藏雍正四年（1726）武英殿銅活字本《欽定古今圖書集成》爲底本，影印編纂而成，所收木刻插畫皆按卷編排印刷。〔註 16〕本文所引錄的文字內容，參考鼎文版《古今圖書集成》；〔註17〕電子版則採用故宮東吳「數位古今

〔註14〕　參鄭振鐸，《中國古代木刻版畫史略》，（上海，上海書店，2006），頁 242，該書後所收之《中國版畫史圖錄》編例第六則。

〔註15〕　參張秀民，《清代的銅活字》，載《文物》，1962 年，第 1 期，頁 49～53。根據清〈内務府奏請查武英殿修書處餘書請將監造司庫等官員議處折〉所說，爲六十四部加一部樣書。

〔註16〕　《古今圖書集成圖集》編委會，《古今圖書集成圖集》，（濟南，齊魯，2006）。

〔註17〕　民國 66 年（1977）楊家駱所編刊之鼎文版《古今圖書集成》，全套 79 冊，〈山川典〉爲第 26、27 冊。

圖書集成」，該計畫以國立故宮博物院典藏之殿版銅活字本爲數位化底本。〔註18〕另參酌聯合百科電子出版有限公司所出版之「標點版古今圖書集成」網站，〔註19〕以及「古今圖書集成經緯目錄」網站。〔註20〕利用上述圖文及數位資料，輔以研究之所需。

　　此外，其他相關圖版，亦多使用目前所知之最早刊本來做分析比較。如《三才圖會》使用明萬曆三十七年（1609）王思義校正本；〔註21〕《圖書編》利用明萬曆四十一年（1613）涂鏡源等刊本；〔註22〕《海內奇觀》爲明萬曆三十八年（1610）錢塘楊氏夷白堂刊本；〔註23〕《南巡盛典》則參考清乾隆三十六年（1771）武英殿刊本。〔註24〕其後行文所舉插圖，皆以上述版本所刊刻之圖版爲例，不再贅述其版本資料。

（四）架構概述

　　本文析分爲五章，首、末章爲緒論及結論；第二章以宋元、明代、清代早期等三階段區分，概述山水版畫發展情形。先分析各時代山水版畫發展因素，再介紹當時期的各類古籍中所錄之山水插圖。宋、元時期版畫作品中的山水圖樣，多以背景方式表現。隨著社會與經濟的快速發展，明代山水版畫有重要的突破與進展，繪刻內容多樣，數量也相對豐富。清代早期山水版畫，

〔註18〕此爲東吳大學於 1999～2002 年與國立故宮博物院聯合進行古籍數位化之作品。該計畫由東吳大學中文系陳郁夫教授主持，以三年時間完成，並透過漢珍數位圖書公司經銷代理；系統製作係採用光學辨識技術，將圖形轉成文字檔，其圖像資料由原書影像掃描而成，以提供使用者最爲完整之原版資料內容。

〔註19〕聯合百科電子出版有限公司所出版之「標點版古今圖書集成」，其網站之網址爲：http://www.greatman.com.tw/ancientclassics.htm

〔註20〕該網站採用林仲湘等創建的《古今圖書集成》經緯目錄，其網站之網址爲 http://gjtsjc.gxu.edu.cn/jwml.aspx

〔註21〕影印本參考：〔明〕王圻，《三才圖會》第 1 冊，（上海，上海古籍，1988）。此本據上海圖書館館藏明萬曆三十七年（1609）王思義校正本影印。（本文所引皆以本書爲主）

〔註22〕影印本參考：〔明〕章潢，《圖書編》第 17、18 冊，（臺北，成文，1971）。（本文所引皆以本書爲主）

〔註23〕影印本使用：〔明〕楊爾曾，《新鐫海內奇觀》，（上海，上海古籍，1994）。（本文所引皆以本書爲主）

〔註24〕影印本使用：〔清〕高晉等，《南巡盛典》收於《中國清代宮廷版畫》第 33、34 冊，（合肥，安徽美術，2002），及國立故宮博物院「善本古籍資料庫」http://npmhost.npm.gov.tw/tts/npmmeta/RB/RB.html（本文所引皆以本書及國立故宮博物院「善本古籍資料庫」爲主）

承襲明代的基礎，加上皇室的統治之需，直接或間接地拓展山水版畫的應用範圍，使得清代早期山水版畫成果亦極爲豐碩。

古籍山水版畫有著多樣的內容，《集成‧山川典》多將這些精采的內容匯於其中，本文第三章將縷析《集成‧山川典》的插圖內容。有五嶽、五鎮、宗教名山等，與信仰、祭祀有關的山嶽圖版；有與戰爭史事、仙道傳說或其他故事性的圖版；有標示景點、縣界、山峰等，具導覽性質的圖版。透過該山部之〈彙考〉內容以及相關文獻，說明該山之歷史背景與地理特色，隨文附上圖版並以筆者之觀點做賞析。

第四章論證《集成‧山川典》插圖的特色。在廣博與精要的表現上，遇一山有多種說法時，能將考證後的各種結果廣博地收錄；且又能針對各山部之精要處做獨立以及重點式的表現。在寫實與藝術的表現上，有著寫實又不過分刻版的表現；其線條與構圖，細膩又極富變化，藝術表現絕佳。筆者將舉諸書相關圖版，進行逐一比對與評析，總結《集成‧山川典》之插圖特色。而《集成‧山川典》畫面取材之參仿，插圖內容之涵蓋，嚴謹的圖文編排形式，亦於此章作闡述。

本文將以山水版畫本體爲主角，透過對《集成‧山川典》山水版畫的分類、賞析與比較，論述其風格特色，藉此對《集成‧山川典》與其他相關山水版畫有深入的體識。在讚嘆其藝術之美時，更了解其文獻價值，並希冀能借此成果發展出更全面的研究。

第二節　相關文獻分析

山水版畫之相關研究，多錄於版畫史書籍中，今有鄭振鐸、王伯敏、吳哲夫與周心慧等前賢學者，對古版畫的整理、考證不遺餘力，造就頗爲豐碩的成果。

鄭振鐸於《中國古代版畫叢刊》中，〔註25〕收有《海內奇觀》全帙與《名山圖》之圖版。在《海內奇觀》一書後附有石谷風所撰之跋語，論述明末清初表現較爲突出的幾部山水版畫作品。石氏認爲《海內奇觀》圖版與圖說搭襯編排的方式，著實蔚爲大觀。跋語中並舉多幅圖版來解說是書內容與特色，

〔註25〕參鄭振鐸，《中國古代版畫叢刊》第 2 編第 8 輯，（上海，上海古籍，1994），頁 142。

另對編輯者、繪圖者與刻工做一介紹。《名山圖》一卷後，載林曙雲所撰之跋語，對是書之刊印版本、流傳狀況，與繪圖者背景資料，皆略有闡述。並將卷中各名山所屬之省市（縣）列表整理。林氏評價此卷各圖明快秀麗、千變萬化、運筆自神，在明末眾多版畫作品中，屬藝術性較高的佳構。

　　鄭振鐸在《中國古代木刻版畫史略》一書，將木刻版畫析以宋金（960～1279）、元代（1279～1368）、明初（1368～1512）、明萬曆年間（1573～1620）、明末（1621～1644）以及清代早期（1644～1795）等階段論述。鄭氏以「光芒萬丈的萬曆時代」表達此時期的版畫成就，明萬曆時期（1573～1619）山水版畫有遊記類的《西湖遊覽志》，插圖百科全書的《三才圖會》與《圖書編》，表現詩意的《唐詩畫譜》，以及刻畫園林勝景的《頤眞園圖詠》等，皆屬雅俗共賞之作。接續的明末時期（1621～1644），彙編遊記與文人記遊之作大盛，如《金陵圖詠》、《天下名山勝概記》等書的附圖，皆細緻可喜，此期間戲曲、小說，如《北西廂記》的插圖，[註26] 亦多有山水寫意之作。再論清代早期（1644～1795），此時風行以木刻版畫來表現園林風景及名山勝跡。鄭氏於此處特別強調乾隆時期（1736～1795）的作品，如皇家所繪鐫的《圓明圓四十景詩圖》、《南巡盛典》等，皆以寫實著稱。而南方木刻畫家的《揚州東園題詠》、《天台十六景圖》等作品，能抓住事物特點，呈現較爲生動活潑的畫面。

　　吳哲夫於《版畫的歷史》一書中，[註27] 從遠古時期的刻畫方式來追溯版畫的源始，接著分述版畫的成長時期（唐、五代）、興盛時期（宋、金、元代）、黃金時期（明代）以及清代的版畫。探討各時期版畫興盛的原因與特色。另於《中華五千年文物集刊》〈版畫篇〉中，[註28] 更詳盡地論述各時期的版畫發展。書中輯錄豐富的版畫圖版，並將具代表性的版畫作品做一介紹，其中包含多幀宋、元、明、清各時期的山水版畫作品。

　　周心慧於《中國古版畫通史》一書，[註29] 論及明代其他題材版畫一節中，先概述明弘治年間（1488～1505）的《吳江志》、《石湖志》，二幀繪刻大

[註26] 參鄭振鐸，《中國古代木刻版畫史略》，（上海，上海書店，2006），頁142。李正謨刻《北西廂記》，每幅故事圖的背後，均有一幅寫意圖，或山水、或竹石、或疏影橫斜、或雪嶺孤松。

[註27] 吳哲夫，《版畫的歷史》，（臺北，行政院文化建設委員會，1986）。

[註28] 吳哲夫，《中華五千年文物集刊》〈版畫篇〉，（臺北，中華五千年文物集刊編輯委員會，1991）。

[註29] 周心慧，《中國古版畫通史》，（北京，學苑，2000），頁 123～127、頁 243～248。

量山水、人物版畫，對於志書版畫的興起和發展，起示範作用。〔註30〕在講述清前期山水、人物版畫一節中，認爲清前期山水版畫，以方志所刊插圖爲最大遺存，特別是山志、水志、遊覽志等專志的大量湧現，不乏繪鐫具稱上乘的佳作，其中以黃山爲題材的版本最多。接著依時代順序，論述當時期著名的山水版畫作品。康熙年間（1662～1722）的徽州山水版畫，如《休寧縣志》、《歙縣志》等，表現突出，其他地區修纂的志書，如《西湖志》、《天台山志》等，亦屬傑作，此時期所刊文集，如《懷嵩堂贈言》、譜錄如《白岳凝烟》等，堪爲山水版畫之精品。雍正時期（1723～1735）所刊之《西湖志纂》圖版受殿版畫影響，畫面細微雅潔，唯略顯板滯。乾隆時期（1736～1795）的山水版畫數量，較康、雍時期更爲豐富，如《平山堂圖志》、《古歙山川圖》等，皆有較高的藝術性。是書在介紹清殿版畫一段中，評述殿版山水版畫作品多循規蹈矩，嚴謹寫實，意境描繪上卻極爲平淡，其程式化、模式化的流弊，正是欽定藝術的通病。

另周氏於《中國版畫史叢稿》的〈清代的版畫〉一篇中，〔註31〕更進一步說明：明前期所刊山水版畫多僅具形態方位，藝術價值不高。嘉靖（1522～1566）之後，繪刻漸趨精雅，如《東西天目山志》即爲明代山水版畫奇葩，可惜品類不多。清前期四朝（1644～1795），是中國山水版畫全面發展的時期，其數量表現與藝術成就足以勝過明代。〔註32〕該篇析評多部山水版畫，如《太平山水圖畫》；以黃山爲題材的版畫；方志中所存山水版畫；以園林勝景爲題材的版畫圖冊，以及清刊詩文集中著名的山水版畫作品等。另在《徽派武林蘇州版畫集》一書中，〔註33〕周心慧撰有〈徽派及武林、蘇州版畫綜述〉一篇，將明、清時期徽州、武林與蘇州三地之版畫的起源、發展與風格，有詳盡的論述，並枚舉諸書版畫，藉此了解各地版畫之特點。其中，山水版畫如徽派的《環翠堂園景圖》，有著徽派纖勁、婉約之風。而武林所刊之西湖志書，以及《海內奇觀》等的插圖，多取當地佳山秀水，畫面精麗出色。後來居上

〔註30〕明天順六年（1462）歙西槐瀨程孟刊《黃山圖經》有三十六峰圖四面，〔明〕曾全寧繪，及明末歙人許楚所撰天順本《黃山圖經考》。

〔註31〕周心慧，《中國版畫史叢稿》，（北京，學苑，2002），頁167～237。

〔註32〕同上書，頁202～203。周氏大致總結明、清山水版畫的情形，説明清前期所刊山水版畫不多，且多僅具形態方位，藝術價值不高。嘉、隆之後繪刻漸精雅，惜品種並不多。而清代前期四朝，是中國山水版畫全面發展的一個大時代，其成就足以跨耀於晚明的。

〔註33〕周心慧、王致軍，《徽派武林蘇州版畫集》，（北京，學苑，2000），頁1～41。

的蘇州山水版畫，則有較爲活潑豪放的《三才圖會》插圖。

　　翁連溪在《清代宮廷版畫》一書中，〔註 34〕論述清代宮廷刊刻的木刻版畫，多梓行於清前期，因康熙、雍正、乾隆三朝，中央政權穩固，經濟發達，國力強盛，統治策略重點在文化建設方面。附有插圖的書籍，便於閱讀，利於教化，直接表現對帝王盛世歌功頌德的宣揚。其中，山水園林版畫有《耕織圖》、《避暑山莊三十六景圖》、《古今圖書集成》、以及《南巡盛典》等，並對上述諸書作一概述。

　　以山水版畫爲主題的相關研究論文，至今並不多見，泰半僅列入該篇論文的某個章節。有舉一位畫家所繪之版畫作研究者，如陳怡蓉《丁雲鵬與徽派版畫之研究》，〔註35〕藉由畫家丁雲鵬的專題研究，闡述明代畫家的投入版畫製作，對版畫藝術水準之提升，有重要的作用。第四章分析丁雲鵬徽派作品，其中包含有多幅山水版畫插圖之風格與結構，如《程氏墨苑》的「西嶽華山圖」、「巨川舟楫圖」以及《方氏墨譜》中不具名的山水圖。

　　有以單部版畫作品作探討者，如黃貞燕《清初山水版畫〈太平山水圖畫〉研究》，〔註 36〕明末清初的畫家蕭雲從所作山水版畫〈太平山水圖畫〉，是中國版畫史上的重要作品。以往研究者多把焦點放在蕭雲從的繪畫，以及細膩豐富的版刻藝術成績上。然黃貞燕認爲，張萬選希望蕭雲從所描寫出來的不僅是地方山水的自然面貌，而是自然與人文之間的互動下，所產生的文化性地景面貌，故描繪實景同時加入古法與詩文。據此來看，〈太平山水圖畫〉的意義不僅在繪畫、版刻上的成績而已，更重要的是，以藝術的方式呈現中國傳統對地方山水人文面向的看法。該論文將〈太平山水圖畫〉歷來所著重的版畫藝術觀點，轉而以山水人文角度探討作品。

　　而陳昱全的《北宋御製秘藏詮版畫研究》，〔註37〕則是以多個觀點來分析這套大量繪刻山水版畫的經卷。該研究將《秘藏詮》視爲一個完整的個體，試圖從各面角度，如歷史、大藏經史、山水畫史、版畫史，與文化史等，來

〔註34〕 翁連溪，《清代宮廷版畫》，（北京，文物，2001）頁 7～13。

〔註35〕 陳怡蓉，《丁雲鵬與徽派版畫之研究》，（臺北，中國文化大學藝術研究所碩士論文，1990），頁 53～56。及據該論文所出版之《巧繪剞工——丁雲鵬與徽派版畫之略考》，（臺北，文史哲，2003）。

〔註36〕 黃貞燕，《清初山水版畫〈太平山水圖畫〉研究》，（臺北，臺灣大學藝術史研究所碩士論文，1994）。

〔註37〕 陳昱全，《北宋御製秘藏詮版畫研究》，（臺北，臺灣師範大學美術研究所中國美術史組碩士論文，2008），頁 76～134。

了解這套經卷。第三章將《秘藏詮》眾多圖像整理分組，以探究其畫風的種類與特色，透過對《秘藏詮》版畫中的山體造型、慣用母題，及構圖安排等三個面向，將此套版畫作更細的畫風分組。第四章則考察《秘藏詮》圖像內容與意義、文本內涵，與圖文關係，並將《秘藏詮》的圖文特性與現存畫跡相比，試圖找尋此套經卷在畫史上的定位。

　　亦有論文利用一個時期中，某個主題作品來比較。如吳映玟《明末清初版畫與朝鮮後期繪畫關係之研究》，〔註38〕該論文以明末清初的中國版畫與朝鮮後期的繪畫爲討論對象。第四章第四節中，推論明末清初山水版畫對朝鮮後期繪畫之影響，將明末清初刊行的山水版畫，諸如《海內奇觀》、《名山圖》和《太平山水圖》，與朝鮮後期繪畫作品進行比較、分析，進而探究其對朝鮮山水畫的影響力。

　　針對《集成》版畫之研究，可參考吳清輝之《古今圖書集成相關問題研究》，〔註39〕其第七章第四節論述《集成》「收錄大量版刻插畫」，說明此書以「圖書」爲名，故十分重視繪圖的收錄，而欲對此書的繪圖入手，首先必須對《集成》收圖的時代背景問題上先釐清。吳清輝認爲《集成》大量出現繪圖的遠因，是鄭樵《通志‧圖譜略》左圖右書的觀念，近因則是〔明〕章潢所輯《圖書編》與〔明〕王圻所編《三才圖會》，此二帙在《集成》中的引用十分頻繁。並且，明代版畫插圖已經進展到成熟階段，影響日後《集成》編纂時的採用。加上康熙的大力支持，使《集成》版畫插圖價值極高。作者並認爲《集成》豐富的版畫圖錄，是中國版畫史上的典範之作，在古代綜合類書中是獨樹一幟的。

　　有專就一個主題舉相關作品來分析者，如王雙陽《古代西湖山水圖研究》，〔註40〕該論文以西湖山水圖的歷史演化爲線索，重點著力於明、清兩代西湖山水圖的研究。第六章主題爲「插圖中的西湖——明清西湖山水版畫」，將焦點集中在西湖版畫作品，評論其文獻與藝術價值。該章分別以明、清西湖山水版畫創作概況；明代徽派與武林派的西湖山水版畫，以及清代宮庭版畫中的西湖山

〔註38〕吳映玟，《明末清初版畫與朝鮮後期繪畫關係之研究》，(臺北，臺灣師範大學美術學系碩士論文，2005)，頁185～202。

〔註39〕吳清輝，《古今圖書集成相關問題研究》，(臺北，東吳大學中國文學研究所博士論文，2006)，頁203～205，219。

〔註40〕王雙陽，《古代西湖山水圖研究》，(杭州，中國美術學院博士論文，2009)，頁91～107。

水等三部分作闡述。說明西湖風景優美、歷史深厚，除了以繪畫來表現西湖之外，明、清時期有關西湖的方志及文學作品也大量湧現。此時，有關西湖的各類書籍中，均多附上精美的西湖版畫插圖，其繪製與鐫刻皆稱嚴謹，作爲西湖風光的眞實記錄，再現西湖的風物人情，皆屬珍貴的歷史文獻。同時，作爲版畫藝術作品，也反映明、清時期版畫藝術水平，具有較高的藝術價值。

由上述可知，直接以山水版畫作品做爲論文研究，僅黃貞燕《清初山水版畫〈太平山水圖畫〉研究》一篇，但此論文將重點置於以山水人文角度探討。其他研究論文中的山水版畫，則僅納入該論文之若干章節中，且多數以藝術史、繪畫史之角度著手。可見山水版畫之研究，在版畫史的領域中仍未被大量拓展。

關於探討山水版畫的期刊論文，多數將山水版畫與山水畫之構圖與筆法，或繪圖意識作一對照、分析。抑或以一個時代的版畫發展爲出發點，探討當時期版畫相關議題。如《明代版畫藝術圖書特展專輯》一書，〔註41〕收錄的多篇專題論述。其中，吳哲夫談〈明代版畫的發展與特色〉，〔註42〕先論明代版畫興盛的原因，再敘述明代版畫發展概況，最後，分析明代版畫的特色。此篇所談，多半與山水版畫發展因素及特色有所關聯。同書，收林柏亭論〈明代刻本與明代畫家的參與〉，〔註43〕分述明末版畫與繪畫潮流的關係；徽派版畫的崛起，以及畫家的積極參與等三個部份。闡述明代版畫多數作品根據畫家的畫稿，摹仿其意，多槧精緻的山水版畫即於此時產生。另有黃才郎〈明代版刻圖像的畫面經營〉一篇，〔註44〕在「山水畫的認同與調整」一段，縷析明代山水版畫的表現手法，乃利用刀刻線、鑿點等方式，來經營紋飾、皴法等的符號。如遠山線條的鉤勒、水波紋的表現，以及雲煙的虛實與營造情境，作者皆有精當的闡釋。

有以金陵圖爲主題的文章，如楊敦堯〈圖寫興亡：實景山水圖在清初金陵社會網絡中的意涵〉，〔註45〕論及《海內奇觀》的「金陵總圖」時，圖中文

〔註41〕《明代版畫藝術圖書特展專輯》，（臺北，國立中央圖書館，1989）。
〔註42〕吳哲夫，〈明代版畫的發展與特色〉，收於《明代版畫藝術圖書特展專輯》，（臺北，國立中央圖書館，1989），頁248～259。
〔註43〕林柏亭，〈明代刻本與明代畫家的參與〉，同收於《明代版畫藝術圖書特展專輯》，頁260～267。
〔註44〕黃才郎，〈明代版刻圖像的畫面經營〉，同收於《明代版畫藝術圖書特展專輯》，頁290～291。
〔註45〕楊敦堯，〈圖寫興亡：實景山水圖在清初金陵社會網絡中的意涵〉，收於臺灣

字特別強調前朝遺跡，如「六朝故宮」和「南唐行宮」等說明文字，符合明代中期以來，金陵文士對當地歷史古蹟的考察搜尋。而〔明〕朱之蕃《金陵圖詠》一書，則是爲使金陵的勝蹟廣爲人所知，並希冀將此書流傳於後世。二峽皆是當時旅遊風氣盛行下的產物，除了促進旅遊類書籍的發行與推展，更可傳達文化價值。另外，李珮詩〈明亡前後金陵勝景圖象之研究——以松巒古寺爲例〉一篇中，〔註46〕則舉《金陵圖詠》之部分山水版畫，藉此探討以金陵爲主題的版畫，與書畫圖冊之間的關聯性與象徵意義。

期刊中亦收錄對《秘藏詮》版畫的研究專論，如李成美〈高麗初雕大藏經的御製秘藏詮版畫——高麗初期山水畫的研究〉，〔註47〕對收藏於日本、韓國以及美國的三套《秘藏詮》版畫殘卷作探討，從各套的版畫比較；版畫與山水畫樣式的關聯，以及版畫樣式上的特徵等方面研究。

而凌柯的〈古代中國山水園林版畫與歐洲風景園林版畫的比較〉，〔註48〕則透過17世紀中國山水園林版畫和歐洲風景園林版畫的分析，整理出二者之特點。認爲中國古代山水園林版畫，屬比較抽象地表現自然，更多借由自然景觀表現作者自身的主觀情感。闡明中國山水園林版畫最初宗旨，是將中國畫表達的內容複製、印刷傳播，故繼承中國山水畫多方面的藝術特徵。並歸納出中國山水園林版畫的四項特徵：其一，以中國畫的傳統白描技法爲基礎；其二，造型上重寫意、不以寫實爲最高標準；其三，表現古代畫家在空間觀念上具有獨特的認識，即以有限的畫面表達無線的空間；其四，色彩表現上以黑白兩色表現豐富多采的世界，以點、線變化顯示畫面空間與層次。

藝術大學，《書畫藝術學刊》，2006年，第4期，頁1～31。

〔註46〕李珮詩，〈明亡前後金陵勝景圖象之研究——以松巒古寺爲例〉，收於臺灣藝術大學，《書畫藝術學刊》，2008年，第4期，頁257～291。

〔註47〕李成美，〈高麗初雕大藏經的御製秘藏詮版畫——高麗初期山水畫的研究〉，收於韓國美術史學會，《考古美術》，1986年，卷169～170，頁14～70。

〔註48〕凌柯，〈古代中國山水園林版畫與歐洲風景園林版畫的比較〉，收於《美與時代》，2006年，6月，頁36～39。

第二章　山水版畫的源起與發展

　　山水畫以描寫自然山川爲主體，透過自然景觀的表現，賦予文化內涵及審美意識，[註1] 山水版畫簡言之，是經由繪畫、鏤版而後刷印的山水畫作。然而，山水版畫並非一開始就獨立成爲版畫內容的主體，而是先以佛釋說法圖或人物情節場景之背景圖樣呈現。到了明代，在政治與社會因素的推波助瀾下，山水版畫有了多元題材的發展，並一躍成爲版畫畫面上的主題。清代早期山水版畫之鏤畫亦熾盛，除了繼承明代的技藝，更追求精細工緻。

第一節　宋元版畫中的山水──濫觴期

　　版畫的出現，是因爲宗教的信仰而產生的。初唐宗教信仰開始盛行，需要大量供應佛教宣傳品；因此，利用雕版印刷的方式刻印佛經、佛像等宗教類圖籍，得以迅速且大量生產。現存最早的印刷品實物，幾乎全屬宗教類圖籍。[註2] 這現象或許說明，社會的需求是促成版畫發展興盛的因素之一。其次，中國古籍中雖然很早就出現版畫插圖，但它最初是依附在文字內容下而成從屬性藝術，其主題與文字內容彼此扣緊；然而，從版畫創作的藝術技巧來看，似乎也不能單純地將作品的內容，視爲簡單的文字圖解，而是一種再創造的藝術。因此，它出現後的發展，慢慢形成其獨特的藝術風格，這或許

〔註1〕　先秦兩漢繪、刻藝術中孕育出自然山水因子，從以人物爲主的背景和陪襯中
　　　　剝離出來，進而形成爲獨立的山水畫。有關山水畫的形成與獨立，可參李文
　　　　初等，《中國山水文化》，（廣州，廣東人民，1996），第三編第二章。
〔註2〕　今日得見最早的雕版畫，是敦煌莫高窟發現的唐咸通九年（886）刻印《金剛
　　　　經》卷首所附「祇樹給孤獨園」說法圖，原件現藏於英國倫敦博物館。

也是版畫出現後，漸爲社會知識階層所接受的另一項重要原因。

利用版畫來發揮它的教育功能，應當是版畫在流傳的過程中，對社會產生最直接影響的一項重要因素。鄭樵在《通志‧圖譜略‧索像》中即云：

> 古之學者爲學有要，置圖於左，置書於右；索象於圖，索理於書。
>
> 故人亦易爲學，學亦易爲功。〔註3〕

強調書中插圖的教育功能，讓版畫加強了通俗傳播的作用，達到向下普及的效果。

圖版的功能以圖解文字內容爲主，其意義在於它和文本內容的互補性，對於讀者帶有教育的功能；對於出版者則是行銷的利器，故宋、元時期，書坊爲了擴展銷路，以供應更多讀者，大量編輯民間日用參考書及小說書籍，版畫已不再單純爲佛釋書刊做附圖服務，開始出現人物、器用與植物等圖版，此時山水版畫或在起步階段，多以佛釋說法圖或人物情節場景之背景圖樣呈現。

學者將北宋大觀二年（1108）宋太宗御撰《御製秘藏詮》版畫，〔註4〕視爲中國山水版畫先導之作，〔註5〕此一系列圖版是佛釋經籍中，所少見的山水版畫插圖。在「彌勒菩薩像」一圖之右上方刻「待詔高文進畫」，左上方刻「越州僧知禮雕」，〔註6〕其中一幅附有經文，上題「御製祕藏詮卷第十三」及「邵明印」字樣，並附題有「時皇朝宋大觀二年歲次戊子十月」。據《圖畫見聞志》卷三：

> 高文進，從遇之子。工畫佛道，曹、吳兼備。乾德乙丑歲，蜀平，至闕下。時太宗在潛邸，多訪求名藝，文進遂往依焉。後以攀附授翰林待詔。〔註7〕

〔註3〕 參〔宋〕鄭樵，《通志》，（臺北，里仁，1982），頁729。

〔註4〕 現存三個版本：1.北宋《開寶藏》本，藏於美國哈佛大學福格美術館，存第13卷的4件版畫作品。2.藏於日本南禪寺，存19卷，計50件版畫。3.藏於南韓誠庵古書博物館，存第6卷的4件版畫作品。詳可參陳昱全，《北宋御製祕藏詮版畫研究》，（臺北，臺灣師範大學美術研究所中國美術史組碩士論文，2008），頁1～2。

〔註5〕 參吳哲夫，《中華五千年文物集刊》〈版畫篇〉，（臺北，中華五千年文物集刊編輯委員會，1991），頁186。以及廖奔、劉曉路，《中華藝術通史》〈五代兩宋遼西夏金卷下編〉，（北京，北京師範大學，2006），頁217～218。

〔註6〕 據〔南朝〕沈約，《宋書》記載：「高文進，宋乾德三年（956），宋滅後蜀，文進至京城，太宗時授翰林待詔，工畫佛道，筆力快健。」僧知禮尚無考。參《二十五史》，（臺北，藝文，1982）。（本文所引皆以此本爲主）

〔註7〕 參〔宋〕郭若虛，《圖畫見聞志》，（合肥，安徽美術，1995），頁342。是書卷

可知高氏是一位畫家，僧人知禮據高氏所繪之圖版鐫刻，最後由邵明負責刷印。

　　《御製祕藏詮》的木刻畫皆以大面積的山巒湖水為主體，繪高僧在廬中、蔭下、水畔、山間等處，為來謁的僧俗講經或活動之場面。今舉其中一圖為例（圖 2-1-1），深山溪谷中築有茅屋草廬與磴道竹籬，並穿插僧俗數人，水波細緻如漁網，山的輪廓由不同大小峰巒重複描繪，山石多以方折的線表示，上空雲氣舒緩，枝葉及岩石的線條都展現精緻的質感。全幅黑白對比鮮明，繪刻技巧純熟，帶有樸拙的美感。《御製祕藏詮》插圖突破一般經文版畫模式，而以山水景物表現佛教繪畫，是宋代山水版畫獲得突出發展的反映。〔註8〕

圖 2-1-1　　《御製祕藏詮》

宋大觀二年（1108）刊本（哈佛本第 13 卷第 2 圖）

　　除了《御製祕藏詮》的版畫外，宋、元時期的山水版畫多以背景呈現於圖版中，如北宋時期（960～1126）刊行的《大佛頂陀羅尼經》卷首圖（圖2-1-2），繪觀世音菩薩坐於海水波濤中的巖石座上，為前來拜謁的善財子講述修菩薩行的法門。圖下左右兩側有善財童子與龍女各一，背景為花朵狀的

---

2 至 4 是唐末至宋代中期 284 位畫家的小傳，記述各位畫家生平、師承、藝術思想和繪畫成就；高文進列於卷 3 之「人物門」中。

〔註8〕　參廖奔、劉曉路，《中華藝術通史》〈五代兩宋遼西夏金卷下編〉，（北京，北京師範大學，2006），頁 218。

雲烟，柳枝垂掛於圖版上方，下方有重複的半圓形海浪交疊。〔註9〕以及宋
紹定年間（1228～1233）刊本之《妙法蓮華經觀世音普門品》，採上圖下文
之形式，其中一圖版繪多人擔運著貴重寶物經過險處，此時有人開始唱言觀
世音菩薩名號。該圖以岩石、松木、路草爲背景，表示山林中的險處（圖
2-1-3）。

圖 2-1-2　《大佛頂陀羅尼經》　　圖 2-1-3　《妙法蓮華經觀世音普
　　　　　　　　　　　　　　　　　　　　　　　　門品》

 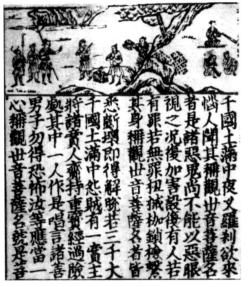

　　北宋時期（960～1126）刊行　　　　宋紹定年間（1228～1233）刊本

此外，據《圖畫見聞誌》卷六記載：

> 皇祐初元（1034），上敕待詔高克明等圖畫三朝盛德之事，人物纔及
> 寸餘，宮殿、山川、鑾輿、儀衛咸備焉。命學士李淑等編次序讚之，
> 凡一百事，爲十卷，名《三朝訓鑒圖》。圖成，復令傳模鏤版印染，
> 頒賜大臣及近上宗室。〔註10〕

《三朝訓鑒圖》爲北宋仁宗詔令宮廷畫家高克明，畫太祖、太宗、眞宗三朝

〔註9〕　參吳哲夫，《中華五千年文物集刊》〈版畫篇〉，（臺北，中華五千年文物集刊
　　　　編輯委員會，1991），頁148。

〔註10〕　參〔宋〕郭若虛，《圖畫見聞志》，收於吳孟復，《中國畫論》，卷1，（合肥，
　　　　安徽美術，1995），頁373。

帝王政績之圖冊，規模龐大，刻印後還加以設色。從《圖畫見聞誌》記述，僅知已有山川圖版，惟這類版刻畫冊並沒有流傳下來，其實際繪刻內容便難詳知了。

宋代少數山經地志書籍也用插圖來表明地理方位，其中《咸淳臨安志》有宮城圖、京城圖、浙江圖、西湖圖等，是現存最早的南宋都市圖。《嘉定赤城志》存州境、羅城等九圖。《雍錄》於都邑、宮殿、城闕、山水皆列圖說明。《嚴州圖經》、《寶慶四明志》、《澉水志》等也都有附圖。但多屬地圖性質，與實際的山川形勢圖及山水版畫仍有所差異，鐫刻粗簡，可視為中國方志中山水版畫的先導。〔註11〕

到了元代，元大德九年（1305）刊本之《長春宗師慶繪圖》，是〔元〕耶律楚材等所編的大型官版道教書刊，屬道教版畫的出色之作。以卷首之扉葉圖「分瑞樓霞」圖為例（圖2-1-4），繪長春真君出生時的聖景。圖版中央一松樹立於巨石之間，石後屋內一女侍將剛出生的長春真君抱給其母，灶房裡一女傭在生火，似鄉間富豪的起居生活。而一股仙霞由產房之窗櫺飄升到天空，四周祥雲繚繞，屋後有遠山，林間泉水淙淙，生機盎然。繪刻之主體突出，線條短促勁健，刀筆剛硬，將繁雜人物與景觀處理的極為穩妥。

而話本小說的版畫中，也出現了山水圖版，如宋至治年間（1321～1323）建安地區所刻《全相平話五種》，插圖繪於狹長畫面上，運用概括手法，表現故事情節，如「三顧孔明」一圖，畫面中央有劉備、張飛、關羽，其後方兩侍衛佇立，左側茅廬一僮僕正開門迎接，孔明執羽扇臥於茅屋內。圖中以山石泉瀑表現孔明茅廬所在之地，畫面以鮮明的人物形象特徵以及環境的處理，使故事背景得到明確的表達。

除了以宗教及小說版畫之背景呈現外，日常生活參考書刊之版畫亦有繪山水圖樣，例如：元至順元年（1330）刊本《飲膳正要》（圖2-1-5），此書論飲食與食療，多幅圖版以山水園林景觀作為背景。〔註12〕

〔註11〕參周心慧，《中國古版畫通史》，（北京，學苑，2000），頁654。

〔註12〕五代、兩宋時期還利用雕版印刷扇面。參〔宋〕郭若虛，《圖畫見聞志》，卷2記載：「僧楚安，蜀人，善畫山水，點綴甚細，每畫一扇上《安姑蘇臺》或《滕王閣》，千山萬水，盡在目前。今蜀中扇面印版，是其遺範。」南宋時期流行團扇，杭州市場上有梅竹扇、山水扇，可能其中就有印版者。收於吳孟復，《中國畫論》，卷1，（合肥，安徽美術，1995），頁334。

圖 2-1-4　《長春宗師慶繪圖》　　　圖 2-1-5　《飲膳正要》

元大德九年（1305）刊本　　　　　元至順元年（1330）刊本

　　宋、元時期的版畫繪刻，除了經、史、子、集所附插圖外，一些出版了因應科場考試和人們生活的需要的新型類書，也開始附載插圖。最早使用插圖版畫的類書為《事林廣記》，系南宋末年陳元靚所編，經元人增補，是一部民間日用百科全書，其附載插圖圖例，能深入社會各階層，並從而豐富類書的編纂內容。

　　陳元靚所編《事林廣記》其宋刊本已不得見，今存最早刊本為元至順年間（1330～1333）建安椿庄書院梓行之《新編纂圖增類群書類要事林廣記》。福建的崇安、建陽在宋、元時期書坊林立，特別是新編一些適應士林、民間需要的書籍刊售。陳元靚是崇安人，疑因科場失利，遂絕意仕進，傭於書肆，以編寫為生。〔註13〕「纂圖增類」實為此本新加的冠詞，表明對陳氏原書有所增益。

　　是書分三十五門，計前、後集各十三卷，續集、別集各八卷，在宋刊本基礎上作增補，舉凡天文、地理、人事、文籍、器用、農牧、醫學、游藝等

〔註13〕參〔宋〕陳元靚，《事林廣記》，（北京，中華，1963），頁1。中華書局影印元
　　　　至順年間（1330～1333）建安椿莊書院刻本，卷首有胡道靜〈前言〉。

無所不包。書中有譜表、地圖、形象與動作的插圖，利用木刻插畫把當時風俗、禮儀、遊戲、器物形製等生活狀況記錄下來。其插圖版畫充滿生活情趣和實用功效，內容精練，繪刻線條簡明，雖不求工細，卻毫不苟率，造型和刻藝皆生動活潑，具有解說性及實用性。

胡道靜指出：「《事林廣記》在各種古代類書中，是別樹一幟的。它的主要特徵有二：一是包含著較多的市井狀態和生活顧問的資料，二是開拓了類書負載插圖的途徑。」〔註 14〕此書與大眾的生活緊密相關，銷路極暢，對版畫藝術的傳播和普及有很大益處。又胡氏亦強調：「唐宋數大類書，都只有文字而沒有插圖。……真正有插圖的類書其實是陳元靚創造的。《事林廣記》中有譜表，有地圖，但也有很多的形象與動作的插圖，……自後類書，如明官修之《永樂大典》、章潢輯的《圖書編》、王圻輯的《三才圖會》、清官修的《古今圖書集成》等，都很重視插圖，不能不說是受了《事林廣記》的良好影響。」〔註 15〕他提出類書自《皇覽》以下即缺乏載圖之傳統；後世受了宋代陳元靚《事林廣記》的影響，開始重視插圖。

是書前集卷三〈地輿類〉有圖九幅：如「歷代國都圖」、「歷代輿圖」、「遼陽界甘肅界汴梁界陝西界」等行政區劃圖，其後卷四至六分別是〈郡邑類〉、〈方國類〉、〈勝蹟類〉及〈僊境類〉，內容收錄名勝山川、帝王陵寢、名賢遺跡與洞天福地等，概論地理位置及人文環境。前集卷十二〈農桑類〉有「耕穫圖」，圖上端有遠山雲朵，中央水稻田有農夫施肥耕種，田地緊臨的溪流有數隻野鴨，路間則是婦女攜孩童送茶水的景況。後「蠶織圖」一圖，背景為婦女於園林採桑養蠶景象。兩圖以全葉的圖版，表現純樸的農村生活內容。是書雖無山水插圖，但於地理類門中附上圖版，輔佐文字參資，部分圖版亦繪有山水圖樣，開類書收錄插圖之先河，啓發後來類書附圖之形式，該帙之價值與意義實不容忽視。

據現存古籍實物觀之，宋、元版畫中將山水景觀繪入，目的是表明該圖版事件情節所發生的場景，或者以圖版豐富美觀為考量而加入的背景，山水版畫於當時多半不是版畫內容的主體。但也因為宋、元時期書籍出版邁向多元，開啓版畫附圖更廣闊的道路，而造就明、清兩代山水版畫的斐然成果。

〔註14〕參同上註，頁 4。
〔註15〕參同上註，頁 5～6。

第二節　明代山水版畫發展──創新期

　　山水版畫發展至明代，有了重要的突破與進展，除了依舊在各類版畫中扮演背景陪襯之角色外，更一躍成為版畫畫面上的主角，諸如遊記與旅遊導覽書籍的風景版畫、地方志中的山川形勢圖、類書中大量的山水景觀圖版，還有以古人山水詩詞內容為意境，所編輯繪刻的畫譜。諸類作品，風貌多樣，品質精緻且數量豐富。

一、明代山水版畫發展因素

　　明代是中國版畫登峰造極的時期，在當時的政策、經濟、社會與文化等因素的相互影響下，除了使戲曲、小說中的人物版畫插圖的盛行外，山水版畫的興起與發展亦不容忽視。茲以明代山水版畫發展分論如下：

（一）明代文治政策之需

　　明王朝十分重視圖書教育事業，〔註 16〕使得出版政策相對寬鬆，太祖曾下詔「書籍、筆、墨、農器等物，勿得收取商稅。」〔註 17〕至明代中葉，書籍免稅對民間出版業的發展有了一定的影響，故明代各類著述豐富，刻書風氣極盛；印刷事業的發達必然帶動書籍插圖版畫的興盛，山水版畫也逐漸跳脫背景呈現的框架，開始有了自我舞臺。

　　明承元後，方志編纂工作更形繁盛，〔註 18〕且方志品類眾多，據〔明〕張洪在《重修琴川志》序中云：

　　　　凡山川之險易，土壤之肥瘠，物產之美惡，民庶之多寡，按圖考籍，

　　　　可得而知之也。〔註 19〕

強調方志在施政方面的作用。

〔註16〕　參〔明〕黃佐，《南雍志》，卷 1，（臺北，偉文，1976），頁 46。洪武二年（1369）詔諭中省：「朕恆謂國之要，教化為先，教化之道，學校為本。」及〔清〕龍文彬，《明會要》卷 26，〈書籍〉一篇提到：「洪武元年（1368）八月詔除書籍稅；是年定元都大將軍徐達收圖籍致之南京。」收於《續修四庫全書》，（上海，上海古籍，1995），史部政書，第 793 冊。

〔註17〕　參〔明〕傅鳳翔，《皇明詔令》，卷 1，（臺北，成文，1967），頁 36。

〔註18〕　明代建國之初即著手編志，明洪武三年（1370）二月，撰成明代最早的全國性總志《大明志書》，內容因書久佚無考。又明成祖永樂年間（1403～1424），曾詔修天下郡縣志書，其所頒布的修志凡例，立意周詳，體系完備，頒布之後頗受重視。

〔註19〕　參來新夏，《中國地方志》，（臺北，臺灣商務，1995），頁 122。

（二）明代經濟與社會的發展

明代的經濟繁榮，圖書消費市場活躍。圖書既視為商品的一種，依市場供需，書肆因此大量湧現，並加速了圖書的流通，彼此競爭的現象更趨明顯，書商巧盡心思利用精緻多樣的版畫招攬讀者。其次，明代之前遊覽天下者，多是以「破萬卷書，行萬里路」為志向的文人墨客以及出外化緣的僧侶；至明代，隨著社會的發展，思想日益開放，審美興趣擴大，旅遊閑暇生活漸趨豐富，旅遊導覽書籍便應運而生。〔註20〕再者，手工業者和市民階層的增加，使圖書消費群體更為廣泛，蘊含豐富知識的日用百科類書，也利用圖文並茂的編纂形式廣泛流傳，因此山水版畫題材選取和表現內容，亦漸趨多樣。

（三）畫家投入創稿

明代以前，罕有畫家參與版畫製作，〔註21〕直至明中晚期，版畫作品受到大眾熱愛，加上徽州畫派的崛起，文人畫家改變以往對坊間作品輕視的態度，〔註22〕開始重視龐大的坊刻市場，紛紛參與插圖創作，藉此傳播自我思想和作品。〔註23〕其中，參與山水版畫插圖製作的知名畫家有陳洪綬、丁雲鵬、藍瑛、趙左、吳廷羽等，不僅提高山水版畫的藝術層面，也使山水插圖

〔註20〕例〔明〕袁宏道〈虎丘〉一文即寫道：「虎丘去城可七八里，其山無高巖邃壑，獨以近城，故簫鼓樓船，無日無之。凡月之夜，花之晨，雪之夕，遊人往來，紛錯如織，而中秋為尤勝。每至是日，傾城闔戶，連臂而至。衣冠仕女，下迨部屋，莫不靚妝麗服，重茵累席，置酒交衢間。」可知當時許多平民、婦女也參與出遊隊伍。收入《袁中郎全集》，（臺北，偉文，1976），頁 429～436。

〔註21〕參〔宋〕韓拙，《山水純全集》，〈論古今學者〉一篇，（臺北，華正，1984），頁 677。韓拙云：「以畫為業，以利為圖，仕乏九流之氣，不修士大夫之體，豈不為自輕其術哉。」以及，同朝鄧椿，《畫繼雜說》〈論遠篇〉，頁 77。鄧椿云：「吳（道子）筆豪放，不限長壁大軸，出奇無窮。（李）伯時痛自裁損，只於澄心紙上，運奇布巧，未見其大手筆，非不能也，蓋實矯之，恐其或近眾工之事。」喻雕版既為匠役之事，印刷書籍多在牟利，有辱藝術之高尚，此種階級觀念於當時普遍存在。

〔註22〕參周心慧，《新編中國版畫史圖錄》，（北京，學苑，2000），頁 101。周心慧認為「中國古代重農輕商，建安、金陵版畫多為民間藝匠的創作，書家、畫家自高身分，不願混迹於書商坊肆當是原因之一。徽州有很強的商業意識和經濟頭腦，『伐閱之家，也不憚為賈』，丹青聖手，能書善畫者自然不會認為到書鋪中討生活是掉價。」

〔註23〕畫家參與版製因素，可參吳哲夫，〈明代版畫的發展特色〉，收於《明代版畫藝術圖書特展專輯》，（臺北，國立中央圖書館，1989），頁 256。該文提到藝術大家心血投入。及陳怡蓉，《巧繪剞工——丁雲鵬徽派版畫之略考》，（臺北，文史哲，2003），頁 8。皆有分析明代畫家思想轉變因素。

擺脫純屬版畫背景及文字圖解的附屬地位，成為具獨立觀賞價值的藝術作品，對提昇山水插圖的質量和社會地位起了相當重要的作用。

（四）插圖藝術專業化與技法推陳出新

明代山水版畫獲得發展的重要基礎，除了文人書畫家的加入外，還有一批專意從事插圖繪製的畫家和名工，〔註24〕組織成龐大而專業的隊伍。於是山水版畫成為集畫家之才情；刻工之技藝，與書坊之財力於一體的藝術商品。畫家將山水版畫的表現內容，從構思、佈局到形象，呈現豐美又富有現實感。鐫刻者在技法上日趨精微，如陽刻線條細若毫髮，密似繁錦；另兼施陰刻、點刻等手法，皴擦點染等繪畫筆法也表現的唯妙唯肖。此外，求新求變的刻印家和商賈，為配合學畫者的需求，傳播傳統繪畫的筆墨技巧，各類山水畫譜的編刻也應運而生。

二、明代遊記與旅遊導覽書籍中的山水版畫

《論語‧雍也》：

> 知者樂水，仁者樂山；知者動，仁者靜。

先秦時期的先哲已能從山水中體會出審美的觀照。《詩經》、《楚辭》一路下來，到漢賦、六朝賦、唐詩到明代小品中，有大量記載關懷山水的文字。這個傳統延續不綴，也成為古代文人雅士藉尋訪山水，而後以紀遊抒發或寄託內心對某些事物的想像。〔註25〕明代的旅遊活動，至嘉靖及萬曆年間（1522～1619）大盛，從競渡、遊春乃至狎遊，旅遊已成為士大夫的「名高」之事，〔註26〕明末赴中國傳教的義大利傳教士艾儒略（Giulio Aleni）提出一個觀念：中國古代的文人，莫不愛遊歷山水，而周遊四遠是他們一生所抱的雅志。至於他們

〔註24〕徽州刻工資料，詳見周蕪，《徽州版畫史論集》，（合肥，安徽人民，1984）中〈黃氏宗譜〉與黃氏刻書考證一篇，頁19～46。據《虬村黃氏重修宗譜》記載，就有近300人。又據李國慶，《明代刻工姓名索引》一書之附錄「徽州歙邑仇村黃氏世系表」統計，明代徽州黃氏刻工約400多人。（上海，上海古籍，1998），頁551～614。

〔註25〕參于浴賢，《六朝賦述論》，（保定，河北大學，1999），頁284～292。

〔註26〕參〔明〕謝肇淛，〈近遊草自序〉中云：「夫世之遊者，為名高也。」載其作《小草齋集》，收於《四庫全書存目叢書》集部第176冊，（台南，莊嚴文化，1997），卷5，頁21a。以及同朝皇甫信言：「吳多佳山水，莫不可遊觀。餘生其間，未能盡識，未嘗不以為恨。」載於其作〈遊金碧山記〉中，收於明崇禎刊本《吳縣志》，（上海，上海書店，1990），卷3，〈山〉，頁54。

周遊四方的目的，艾儒略敘述如下：

> 或爲采風問俗，以弘教化；或爲蒐珍覓寶，以充美觀；或窮此疆爾
> 界，以察地形；或訪聖賢名流，以資師友；或通有無貿遷，以求贏
> 羨；或考群方萬國山川形勝，以證經傳子史之載紀；或探奇覽秀，
> 以富襟懷，以開神智。〔註27〕

旅遊風潮之興盛，帶動旅遊導覽書籍的編刊，例如：晚明許多山水畫冊即具有旅遊導覽之功用，〔明〕何良俊在《四友齋叢說》云：

> 余觀古之登山者，皆有遊名山記，縱其文筆高妙，善於摩寫，極力
> 形容，處處精到，然於語言文字之間，使人想象，終不得其面目。
> 不若圖之縑素，則其山水之幽深，煙雲之吞吐，一舉目皆在，而吾
> 得以神遊其間，顧不勝於文章萬萬耶。〔註28〕

論其之所以蒐藏山水畫作，乃因一般的名山遊記只錄文字，不如附上山水畫來的精彩，說明圖文並茂的畫冊比遊記更具吸引力，觀圖而明其所據，加深人們對旅遊景點的視覺印象。

遊記文體是中國古代文學史中，重要的一支，明代大批文人熱衷於遊覽名山大川，觀察社會風情，匯編遊記與文人記遊之作，於此尤盛，留下不少遊歷山水的詩文和繪畫。〔註29〕遊記所附之插圖，將名山大川的實景、風雨晴晦之變幻，縮爲案頭之書，精緻又饒富趣味。

當時較爲著名的遊記類書籍有：〔明〕楊爾曾所輯《海內奇觀》（圖2-2-1），萬曆三十七年（1609）夷白堂刻本，插圖一百三十餘幅，繪刻有山水方位圖、名山勝景圖及富有情趣的風俗畫，蔚爲大觀。是椠堪稱明代出色的導遊書籍，特點在景各有圖，圖文相詠，當時廣受歡迎，開後來名山遊記附圖之端。另有天啓年間（1621～1627）陳樹功撰《鏡湖遊覽志》，附圖十一幅，有「鑒湖秋色」、「禹廟松濤」等圖，刀刻若筆墨皴擦，運用自如。又天啓三年（1623）刊《金陵圖詠》，朱之蕃撰，繪刻有金陵四十景圖（圖2-2-2），據其〈序〉云：

〔註27〕 參艾儒略著，謝方校譯，《職方外紀》〈自序〉，（北京，中華，1996），頁2。

〔註28〕 參〔明〕何良俊，《四友齋叢說》，卷28〈畫一〉，（北京，中華，1982），頁257。

〔註29〕 參周振鶴，〈從明人文集看晚明旅遊風氣的形成〉，載《復旦學報》社會科學版，2005年，第01期，頁72～78。據周振鶴統計，明人文集中遊記的數量，顯示明嘉靖年間（1522～1566）遊記逐漸增多，萬曆（1573～1620）以後則是大量湧現。

圖 2-2-1　《海內奇觀》

明萬曆三十七年（1609）夷白堂刻本

圖 2-2-2　金陵四十景圖

明天啟三年（1623）刊本

蒐討記載，共得四十景，屬陸生壽柏，策寒浮舫，躬歷其境，圖寫逼眞，撮舉其概，各爲小引，系以俚句，……。按圖索徑，聊足寄臥遊之思。〔註30〕

可知，此書之編纂也具有導覽用意。

遊記類圖版尙有佳構如：崇禎六年（1633）墨繪齋刊《名山圖》（圖2-2-3），此書常見與《名山勝概記》並行，〔註31〕卷首五十五幅名山圖，略繪名勝之蹟。圖稿係出自鄭重、吳廷羽等數十位當時頗富盛名的畫家所繪，是書據其畫作摹刻而成，圖版多妙取奇峰，令人覽之神往。明末眾多山水版畫作品中，本圖卷的藝術性甚高，爾後《集成‧山川典》部分山水插

〔註30〕　參〔明〕朱之蕃，《金陵圖詠》，收於《中國方志叢書》華中地區第439號，（臺北，成文，1983），頁1～3。

〔註31〕　遊記因爲作品結集漸豐，遂形成多部遊記的總集和個人遊記的別集兩種體例，總集類以〔明〕何鏜《古今遊名山記》爲發端，其後經增擴刪削而成《名山勝概記》。

圖即是據此翻刻。

明代文人亦重視園林的記遊，如萬曆年間（1573～1619）汪廷訥請畫家錢貢，為其於安徽附近的庭園繪圖，刊印《環翠堂園景圖》，在長卷上表現「白嶽」、「松蘿山」、「環翠堂」等一百二十餘處景觀。另萬曆十八年（1590）刊《頤眞園圖詠》（圖2-2-4），由〔明〕王文登輯，是廛繪刻官宦之家的園林勝景，其布置的細節與山涯水際景色，經木刻家以小化大之功力，彷彿歷名山大川之境。

明代中、後期許多知名文人雅士，以詩文、書畫等形式紀錄他們從自然山水

圖 2-2-3　《名山圖》

明崇禎六年（1633）　墨繪齋刊本

圖 2-2-4　《頤眞園圖詠》

萬曆十八年（1590）刊本

中所得到的審美享受。通過他們對遊歷的景色作細緻入微的描述，以及遊覽過程中奇聞趣事的紀載，讓明代的江山美景栩栩如生地呈現於眼前。書坊將圖文結合，使閱讀群眾更為廣泛，略懂文字者能從圖中了解書籍內容，是當時坊間流行的作品所表現出來的趨勢。

三、明代方志書籍中的山水版畫

明代方志種類與數量繁多，〔註32〕以載述的特定對象而言，出現一些專門種類的志書，例山志、水志、名勝古蹟志及佛寺道觀志等。方志的內容之一爲針對區域方位、山川形勢、名勝古蹟的說明，文字不足，插圖輔之。其插圖可分爲兩類，其一，爲山川城廓方位平面地圖，以紀實爲主要目的；其二，是采俯瞰式之山川圖畫，多數直接標上地名，目的是爲了說明山川形勢位置，多數圖版較前類增添了藝術性。明中晚期，地方志的刊刻，隨著書籍出版業的活耀，於書中附名勝圖的情形時有所見，因版刻方式利於線條的複製，解決抄寫本的史書中，圖版不易保存的問題。此時，方志中所錄插圖也由辨方位的輿圖及地理形勢圖，轉而加入山川風物之奇的山水版畫，創作出不少具有藝術性的山水版畫作品。

圖 2-2-5 《西天目山志》

明天啓年間（1621～1627）刊本

明萬曆以前，山水版畫插圖如弘治年間（1488～1505）的《徽州府志》、嘉靖年間（1522～1566）的《休寧縣志》，多停留在地理輿圖範圍，偏於實用，少有畫意。而弘治元年（1488）莫旦刊本之《吳江志》，〔註33〕其所繪之山水圖版線條簡約，版面開闊。莫氏於弘治年間（1488～1505）又刊有《石湖志》，其宴集、慶樂等圖，人物眾多，繁而有序，頗具寫實性，繼承了元刊版畫的質樸風格。此二峽繪刻圖解性質的山水畫面，對後來志書版畫的興展起了示範作用。

爾後名山的方志如：天順三年（1459）刻《黃山圖經》中，有三十六峰四面圖，利用方硬簡單的刻線表示群峰形勢。萬曆

〔註32〕 參繆咏禾，《中國出版通史》〈明代卷〉，（北京，中國書籍，2008），頁52。據巴兆祥統計，明代地方志的編纂共有2892種，相較於宋、元時期多了四倍，以嘉靖至萬曆年間（1522～1619）爲鼎盛期，計1622種。
〔註33〕 《吳江志》亦爲方志書附有鄉賢圖像者之最早者。

二十七年（1599）刊本之《齊雲山志》，〔明〕魯點著，丁雲鵬繪長卷連葉式插圖，以白描技法勾勒山石，氣勢雄偉。萬曆四十七年（1619）福建崇安孫世昌刊本之《武夷志略》，〔明〕徐表然輯，摹〔宋〕高文舉畫作，陳衛發刻，書中有山之全圖、「武夷宮」、「九曲」諸勝共十一幅，採單葉或合葉連式，呈現武夷的碧水丹山之景。另有天啟年間（1621～1627）杭州刊本《東西天目山志》插圖（圖2-2-5），由〔明〕徐元玠與張錫蘭兩位畫家同繪，圖版繁複，線條細密。

而關於杭州西湖志籍的插圖亦頗多，如萬曆七年（1579）俞思冲刊《西湖志類鈔》，卷首有的西湖十景圖（圖2-2-6），在優美景觀中穿插人物活動，擺脫了示意圖形式，近似一幅藝術性的山水人物畫。又萬曆年間（1573～1620）刊本《西湖志摘粹補遺奚囊便覽》，有「浙江省圖」、「昭慶大佛圖」等十圖。觀「岳王廟圖」，此圖做鳥瞰式，圖繪踢球、高蹺、書畫、抬轎、滑竿等賣藝雜耍，皆清晰生動，可說是一幅明代杭州風俗寫真版畫。這些圖版反映了接近自然山水的明代西湖景象。

另外，佛寺道觀志附山水插圖者如：萬曆二十七年（1599）太監張隨施刊本《重修普陀山志》，由〔明〕周應賓纂輯，繪刻多幅山海相接之處的石洞勝景。萬曆三十九年（1611）刊本《仰山乘》，為〔明〕程文舉編，仰山為安徽休寧縣境內佛教聖地，卷首〈山圖〉錄十幅山水插圖，乃程氏為使「探奇玄覽之士，得以按圖選勝而寓目焉」。〔註34〕以及

圖2-2-6 《西湖志類鈔》

明萬曆七年（1579）俞思冲刊本

─────────────
〔註34〕參《仰山乘》，卷首〈山圖〉之題語。參見名山古剎──《中國佛寺志》數位典藏，其網址為：http://dev.ddbc.edu.tw/fosizhi/ui.html?book=g076，頁39。

天啓年間（1621～1627）金陵兼善堂刊本《金陵梵刹志》，是書爲〔明〕葛寅撰，凌大德所繪，傅汝賢、張承祖所刻，圖版在寺志插圖中頗具代表性。

四、明代類書中的山水版畫

中國古代類書自《皇覽》以下，普遍缺乏附圖的傳統，直至明初，類書仍多以文字爲主而少錄圖譜。胡道靜提出：「至宋代陳元靚《事林廣記》方正式附有插圖，是中國類書圖文並行的新嘗試，受是書之啓發，其後出現章潢輯《圖書編》、王圻《三才圖會》等，對插圖質量的逐漸重視。」〔註35〕

《圖書編》爲明萬曆年間（1573～1619）福建古田人章潢所輯，四庫館臣據章潢年譜，謂書成於萬曆五年（1577），初名《論世編》，後更名《圖書編》。〈四庫全書總目提要〉云：

> 《圖書編》一百二十七卷，是編取左圖右史之意，凡諸書有圖可考者，皆彙輯而爲之說。一卷至十五卷爲經義，十六卷至二十八卷爲象緯歷算，二十九卷至六十七卷爲地理，……。明人圖譜之學惟此編與王圻《三才圖會》號爲巨帙，然圻書門瑣屑，排纂冗雜，下至奕棋牙牌之類，無所不收。不及潢書之體要，其所繫諸說，亦皆捃拾殘剩，未晰源流，……，雜採齊東之語，漫無考證，亦不及潢書之引據古今，詳賅本末。雖儒生之見，持論或涉迂拘，然採摭繁富，條理分明，浩博之中，取其精粹，於博物之資，經世之用，亦未嘗無百一之裨焉。〔註36〕

四庫館臣認爲此書「引據古今，詳賅本末」學術價值高於王圻的《三才圖會》。

〔註35〕 參〔宋〕陳元靚，《事林廣記》，（北京，中華，1999）。中華書局影印元至順年間（1330～1333）建安椿莊書院刻本，卷首有胡道靜所撰之〈前言〉。

〔註36〕 參〔清〕永瑢等，《四庫全書總目提要》，卷26，子部類書類二，收於《萬有文庫薈要》第5冊，（臺北，臺灣商務，1965），頁53。

是書卷二十九至卷六十七爲地理類，〔註37〕其中卷五十九至卷六十七收有較接近山水圖樣貌的圖式（圖2-2-7）。其編排方式爲，先以大的區域範圍統之，再選附該區域之名山勝景圖，如先有「南直隸各郡諸山名山總圖」，後附「甘露景」、「三山圖」、「黃山三十六峰總圖」、「齊雲山圖」及「九華山圖」等五幅山水插圖。圖後將各州府的山名羅列，分述名地理位置、特色、人文風貌及古地名等。

圖2-2-7 《圖書編》

明萬曆四十一年（1613）涂鏡源等刊本

據《四庫全書總目提要》之說，此帙收圖之原則以「有圖可考者爲基礎」，故所收之圖並不全，如福建諸名山圖後僅收「武夷山九曲圖」；又「廣東之名山圖」後僅收「羅浮山圖」，而「貴州諸名山圖」之後並無收任一名山勝景圖。其圖版形式以標示山川水域等地理形勢爲主，仍無甚美感。

與《圖書編》同時期的《三才圖會》，爲萬曆三十七年（1609）金陵王圻、王思義父子編撰，〔註38〕王爾賓重校，又名《三才圖說》。是書彙集諸書圖譜

〔註37〕《圖書編》卷29～67爲地理類，其中卷29～33，所收之圖以輿圖類居多，如「輿地山海全圖」、「歷代國都圖」與「古今天下形勝之圖」等全國圖及歷史地圖類。卷34～49，以各省地形圖爲主，如：「北直隸圖」、「山東圖」與「江西各府州縣」等行政區劃圖，收圖性質近似於《集成·職方典》。卷50、51爲「外域圖」，内容可視爲《集成·邊裔典》。卷53～58，收錄「河源圖」。

〔註38〕王圻，字元翰，號洪洲，嘉定江橋人，明嘉靖四十四年（1565）進士。歷官至陝西布政司參議，萬曆二十三年（1595）旋致仕歸里，晚年以著書爲事。王圻之子王思義，字允明，以著述世其家。

及文字說明，取材浩博，是一部綜和性類書，可視爲一部類似百科全書式的大型圖典。是書前有周孔教、顧秉謙、陳繼儒及王圻自序。目次下方刻有「雲間子門父王爾賓補集」。圻〈序〉云：

季兒思義，亦搆心往牒，廣加蒐輯，圖益大備。〔註39〕

顧秉謙〈序〉亦云：

前三圖皆御史公手裁，而後則允明氏之所續。〔註40〕

圖 2-2-8　《三才圖會》

明萬曆三十七年（1609）王氏原刊配補影鈔本

知全書爲王圻與其子思義合纂，書中體例與要旨，皆出王圻之手，而思義則有協助編纂增修之功。

是書內容上自天文，下至地理，中及人物，分天文、地理、人物、時令、宮室、器用、身體、衣服、人事、儀制、珍寶、文史、鳥獸、草木等十四門，細大畢載。《四庫全書總目提要》評論：

采摭浩博，亦有足資考核者，而務廣貪多，見雜特甚。〔註41〕

其地理類所收山水勝景等圖版者，於卷六至卷十二（圖 2-2-8）。〔註42〕圖版或依據方志所收之圖而繪，也有爲求務廣而臆造者，某些形象可能來自作者個人想像，並無根據。王圻於〈三才圖會引〉強調：

是編也，圖繪以勒之于先，論説以綴之于後，圖與書相爲印證。陳之牀几，如管中窺豹，雖略見一斑，於學士不無小補矣。若曰揮纖毫而萬類由

〔註39〕參〔明〕王圻，《三才圖會》第 1 冊，（上海，上海古籍，1988），頁 10。（本文所引皆以此本爲主）
〔註40〕同上註，頁 6。
〔註41〕參〔清〕永瑢等，《四庫全書總目提要》，卷 26，子部類書存目二，收於《萬有文庫薈要》第 5 冊，（臺北，臺灣商務，1965），頁 88。
〔註42〕《三才圖會》所收地理圖繪爲：卷 1～5 有全國圖及各省行政區劃圖，卷 6～12 則爲山水形勢圖。

心，展方寸而千里在掌，於殆未敢以爲然。〔註43〕

說明全書體例爲先以圖像概現主題，後加以文字論述，期藉圖像與文字相互印證，對學習者有所裨益，即便如「管中窺豹，雖略見一斑」，但仍「不無小補」。

是槧卷首〈凡例〉云：

地理凡神州赤縣，星羅蔞布不能盡圖，止圖所在名山大川，以資臥遊者之賞。〔註44〕

指陳山川形勝，鋪陳景物，不少圖版都是精美的山水版畫，保留大量明中葉之前的山川園林史料。今據〈三才圖會序〉版心下刻「金陵吳雲軒刻」，〈地理圖序〉版心署「秣陵陶國臣刻」，又南京古名秣陵，判斷本書刻於金陵。

五、明代畫譜、文集與戲曲小說中的山水版畫

　　明代繪畫教育發達，以繪事授徒成爲不少畫家的謀生手段，社會上對繪畫的欣賞也日益普遍，於是畫譜的匯編、刻印應運而生。其中，以古人詩詞爲內容自繪或仿前賢名跡摹繪的畫冊，如安徽汪氏刊刻於萬曆四十年（1612）的《詩餘畫譜》，〔註45〕將詩詞內容意境創作於版畫中（圖2-2-9），由汪氏選詞百篇，請諸畫家繪圖，採前圖後文之方式，相映成趣。畫譜所選內容多爲宋詞，畫面景物充分發揮想像力和創造性，營造出切合詞意的境界，構圖亦自在奇巧，如〈赤壁懷古〉一圖，將蘇軾作品中遊歷赤壁之意境，與景物之氣勢充分展現。

　　集部中的亦有繪刻山水版畫，如正統九年（1444）劉穩雲莊書院刻本《劉

圖 2-2-9　　《詩餘畫譜》

萬曆四十年（1612）安徽汪氏刊本

〔註43〕參〔明〕王圻，《三才圖會》第1冊，頁10。

〔註44〕同上註，頁11。

〔註45〕《詩餘畫譜》又名《草堂詩餘意》，汪氏邀書法家以不同字體寫詞，書寫者有董其昌、陳繼儒、何偉龍、趙鳴之等名士。

圖 2-2-10　《釣台集》

明崇禎年間（1628～1644）刻本

圖 2-2-11　《新校注古本西廂記》

明萬曆四十二年（1614）王氏香雪居刻本

雲莊集》，多幅插圖以寫景為主。嘉靖年間（1522～1566）維揚賈氏家刊本《雪舟詩集》，〔明〕賈雪舟撰，卷首附有「雪舟圖」，圖版利用墨版印刷，襯托出雪天景色，為木刻版畫中少見之形式。又有崇禎年間（1628～1644）刻本《釣台集》，〔註46〕卷首冠一幅「釣台圖」（圖 2-2-10）由〔明〕何英所繪。

而戲曲插圖雖以人物為主，然有時為了追求景物，烘托情節氣氛，亦有取當地佳山秀水入圖，園林化、庭園化的布置佔了版面相當大的比重。將景物描寫份量加重，部份葉面甚至僅寫繪風景而無人物出現，畫家和刻工不拘於舞台的侷限，將山水園林繪入版畫中，室內閉塞的空間置換成開闊的園景，使山水版畫更臻完美。如萬曆年間（1573～1619）金陵橋山堂劉龍田刻本之《西廂記》，有「西湖景」連圖，收西湖酒樓、商肆、城門與舟船之景；萬曆年間（1573～1619）師儉堂蕭騰鴻刻本的《紅拂記》有「仗策渡江」一幅。還有萬曆四十二年（1614）王氏香雪居刻本之《新校注古本西廂記》「踰垣」一幅（圖 2-2-11），主要表現在庭院內沉思的鶯鶯，與張望著張生前來的紅娘；隔牆之外，有張生攀於牆頭，奮力一蹬的生動模樣。圖版背景為垂柳、奇石與曲折的欄杆等等，看似簡單，而又描繪細緻的山水圖樣。

〔註46〕〔明〕柴時暢、柴挺然等，《釣台集》，為釣台古蹟詩文集。

又如天啟年間（1621～1627）吳興閔氏刻朱墨套印本《董西廂》，其「橫橋流水茅舍映荻花」（圖 2-2-12）、「野水連天天竟白」、「荒涼深院古台榭」等圖，都將文字巧妙轉換成山水版畫。崇禎年間（1628～1644）山陰延閣主人李正謨刊本《北西廂記》，陳洪綬等繪圖，圖版採月光式並分正、副，副圖為每幅故事的背面繪寫意圖，或山水、竹石，或疏影橫斜，或雪嶺孤松，筆墨雖不多，皆精巧可觀。由項南洲操剞劂，鈎斷點綴於方寸之間，可謂巧奪天工。

圖 2-2-12　《董西廂》

明天啟年間（1621～1627）吳興閔氏刻朱墨套印本

另外，〔明〕半嶺道人編訂的《吳騷合編》，〔註 47〕崇禎十年（1637）白雪齋刊刻，刻工為項南洲、洪國良、汪成甫，是散曲插圖中相當突出者。白雪齋主人於是書〈凡例〉云：

> 寫麗情而務除俗套，搜舊稿而博覽新聲，更加畫意瓊工，增一篇之榮也。

全書插圖二十二幅，佈局自然，筆法精麗而少雕琢造作之感，無論水流迴漩，雲煙舒卷，微風拂柳，星空皎月，池藻荷塘，抒情繪景皆不落俗套。

上述版畫多由文人畫作，泰半不重細節的寫實，而採象徵性的手法來展現山水神態，在提供鑑賞之時，就有無限寬廣的解讀。

〔註47〕《吳騷合集》是半嶺道人在《吳騷集》和《吳騷二集》的基礎上選訂合編的。《吳騷集》4 卷，〔明〕王穉登編，萬曆四十二年（1614）武林張琦校刊，皆明人所作小令。附圖 29 幅，皆依曲子情調作形象化的表現，線條細緻勻稱，氣韻生動，由黃端甫、黃應光刻。《吳騷二集》4 卷，張琦，王輝同編，萬曆四十四年（1616）張琦校刊，有雙葉插圖 20 幅，風格秀麗，刻工不詳。

第三節　清代早期山水版畫發展——成熟期

　　本文所界定「清代早期」山水版畫，係指爲順治元年（1644）至乾隆六十年（1795），計一百五十餘年間之作品。此時期的山水版畫，上承明代繪刻工藝的基礎，應用範圍擴展，內容趨於多采，例如以帝王生活爲題材，以及描繪行宮園林的美景等。在繪刻風格上，順治、康熙時期（1644～1722）的山水版畫多承襲明朝遺風。雍正、乾隆年間（1723～1795），版刻開始追求工緻縝密、精雕細琢；山水版畫雖頗具寫實性，但也漸失卻生動之趣。乾隆以後，山水版畫作品日益蕭疏，且多流於草率勾勒。〔註48〕至光緒時期（1875～1908），隨著石印複製技術的傳入，木刻插圖漸有被取代之勢。

一、清代早期山水版畫發展因素

　　清代早期山水版畫的發展，與當時統治者所推行的政策，有著密切的關係。如宮廷利用山水版畫頌揚文治武功，加上清初帝王常藉巡察民情而周遊山水園林；其次，清室爲統治之需，大力推動方志的編修，因此山水版畫題材的拓展甚爲快速。皇室以顯赫的地位，帶動並影響民間所繪刻之山水版畫，故清前期的山水版畫成就可觀。茲以清代山水版畫的發展因素分論如下：

（一）清代皇帝重視圖書刊行和版畫創作

　　康熙十二年（1673）在武英殿設立皇家刻書機構，〔註49〕羅致供奉於宮廷的畫師和名工，〔註50〕群集宮中，執畫筆，操剞劂，爲宮廷圖書鐫刻版畫插圖。〔註51〕清前期統治政策著重在文化建設，藉用版畫易懂且方便閱讀欣賞，期達

〔註48〕　參張國標，〈簡論徽派版畫黃氏家族等主要刻工〉，載《東南文化》，1994年，第1期，頁152～167。說明徽刻從明嘉靖到清乾、嘉年間，近三百年左右歷史，因爲版刻技藝多爲家族傳習，故其風格上多相近。

〔註49〕　關於清代殿本書刊刻研究，可參翁連溪，《清代宮廷版畫》，（北京，文物，2001），頁13～17。以及盧秀菊，〈清代盛世之皇室印刷事業〉，載《中國圖書文史論集》，（臺北，正中，1991），頁27～55。

〔註50〕　參〔清〕胡敬，《國朝院畫錄》，收於《畫史叢書》第3冊，（臺北，漢華文化，1973）。宮廷畫家雖然無秩，但此書每人於人名下可見其名銜，如「待詔」、「祇候」、「供奉」等。且彼此之間又有師徒傳成或父子相繼關係，其相近的畫風共同構築宮廷版畫的典型面貌。如卷上，頁1798，冷枚一則，述其爲「焦秉貞弟子」；卷下，頁1827，金廷標一則，述其「命入畫院祇候」。

〔註51〕　參向斯，〈清宮武英殿刻本〉，載《東方藝術》，2006年，第18期，頁11。說明清代武英殿刻印工匠的技藝，是從明經廠傳承下來的，但明經廠是由司禮

到教化及宣揚的功能，直接表現對帝王盛世的歌功頌德。〔註52〕康熙至乾隆間（1622～1795），內府出版大量附有木刻山水版畫的圖書，圖版富麗精湛，內容多屬歌頌盛世之作。其專責分工制度，繪、刻、印之高手，各窮其藝，務求版畫達到精美絕倫的水準。這些山水版畫作品，也影響到當時民間的繪刻風氣，周心慧即認為：「清殿版畫之於民間版畫，無論題材亦或鐫刻風格，都產生相當深遠的影響，清代刊行很多山水版畫，風格都與殿版畫趨同。」〔註53〕

（二）清政府重視方志編纂

清代滿人以關外異族入主中國，為迫切掌握各地情況，徹底實行統治，敕令各地編修方志成為一項重要措施。康熙十一年（1672）大學士周祚奏：

> 各省《通志》尚多闕略，宜飭儒臣修纂，舉天下地理、形勢、戶口、
>
> 田賦、風俗、人才具列，彙為《一統志》，以備御覽。〔註54〕

康熙帝允其所請，詔令直隸及各省督撫撰修通志。當時方志的編修，無論規模、數量、輯錄舊志等方面，皆大有進展，也帶動地理方志版畫插圖的繁榮。〔註55〕

另外，清初嚴苛的文字獄，〔註56〕箝制當時的文人思想，部分學者遂潛心從事方志的編修和考據整理。使得清代各種專志的修纂，如專記河渠、山水、古蹟、書院等，較明代更為豐富。〔註57〕這些方志所刊山水插圖佳作，至今留存甚多。

監掌管，內廷太監的學識、才智，決定了經廠本的水準。而清殿本則由皇帝點選全國最有學問的碩學鴻儒主持其事，選定的工匠也是百裡挑一，由他們編纂、雕印、校刊和裝潢的書籍，自然高出經廠本許多。

〔註52〕參孟繁樹等，《中華藝術通史》〈清代卷上編〉，（北京，北京師範大學，2006），頁12。據統計，在康熙、雍正、乾隆三朝清庭內府所刊定的欽定諸書，經部類27種，953卷；史部類79種，5738卷；子部類32種，12479卷；集部類19種；3410卷。

〔註53〕參周心慧，《中國版畫史叢稿》，（北京，學苑，2002），頁191。

〔註54〕參《清史滿漢大臣列傳》，清內府朱絲欄寫本，第37冊，（故殿026290）。國立故宮博物院藏本。

〔註55〕據朱士嘉，《中國地方志綜錄》之〈凡例〉云：「歷代現存並可查考的方志，有5832種，計93237卷，其中就清代方志，便有4655種，計76086卷。」，（臺北，新文豐，1975）。以及中國科學院北京天文台主編，《中國地方志聯合目錄》，（北京，中華，1985），該書收錄中國地方志8200餘種，其中清代地方志占7000餘種。

〔註56〕關於清代文字獄之情況，可參周宗奇，《清代文字獄》，（北京，人民文學，2010）。

〔註57〕參齊秀梅、楊玉良等，《清宮藏書》，（北京，紫禁城，2005），頁295。

（三）清帝喜巡遊山水並修建行宮

清初南方黨會活動猖獗，康熙、乾隆二帝對此甚爲重視，數次藉尋訪民隱而遊歷江南。其後清室的統治日漸穩固，南巡的目的，遂明顯表現純爲遊山玩水。〔註58〕據《清史稿》紀載，康、乾二帝南巡的時間多是北方酷寒，南方春暖之際，巡遊路線遍訪名勝古蹟與秀麗山河。〔註59〕

因頻繁的巡遊活動，康、乾二帝遂修建許多行宮苑囿，作爲避暑頤養和兼理政務的駐蹕場所。如圓明園、避暑山莊、靜寄山莊等，〔註60〕各山莊多仿江南勝景營造。皇室的喜好加上當時經濟文化發達，帶動私家園林的興建，如清初揚州興建的八大名園。〔註61〕此時，記載帝王巡遊所經歷的名山勝境、描繪造景講究的行宮別苑及私家名園佳景等等的插圖版畫，便大量產生。

二、清代早期宮廷版畫中的山水插圖

清初帝王文化素養頗高，充分利用版畫的藝術表現形式，配以御製詩、文、詞等內容，成就許多主題與景色鮮明的山水版畫圖集。宮廷畫家多有師徒傳承或父子相繼之關係，名工畫家通力合作，以集體之優勢，建構宮廷山水版畫的特有風貌。武英殿所繪刻的山水版畫題材相當多元，如田園村落的農桑景像；類書中大量輯錄的山川形勢圖；反映宮廷慶典盛況，及帝王巡遊等紀實性山水圖版。總體來說，上述作品皆構圖嚴謹、寫繪精繁、而又線刻

〔註58〕 關於康熙、乾隆二帝下江南之時間與路線，可參李世龍，〈中國古代帝王巡遊活動論述〉，載《齊魯學刊》，2001 年，第 04 期。說明康熙二十三年（1684）康熙帝在國家統一、經濟恢復、吏治廓清的情況下，第一次下江南，至康熙四十六年（1707），一共六次下江南。乾隆仿效康熙，於乾隆十六年（1751）至乾隆四十九年（1784），六次下江南，所巡遊路線與康熙如出一轍。

〔註59〕 參同上註，據《清史稿》〈本紀七〉、〈本紀八〉、〈本紀十一〉、〈本紀十二〉、〈本紀十四〉。康、乾二帝之紀載，其南巡出發時間一次在農曆九月，兩次在二月，其餘九次均在正月，一般於農曆五月返京。而路線上，康、乾南巡一般是去程沿運河，走濟南、揚州、蘇州、杭州；回程走陸路，經南京、曲阜、泰安等相近路線返京。

〔註60〕 參周維權，《中國古典園林史》，（臺北，明文，1991），頁 150～163。清代的皇家園林極爲鼎盛，龐大的苑囿系統在乾隆年間達到頂峰，包括北京城內的紫禁城大內御苑、西苑三海、北京西北郊的圓明園、暢春園和南郊南苑，以及承德的避暑山莊、薊縣的靜寄山莊，再加上南巡、北狩、東巡路上眾多的大小行宮，數量可觀。

〔註61〕 參同上註，頁 182。清初揚州八大名園即王洗馬園、卞園、員園、賀園、冶春園、南園、條園、鄭御史園。

流暢。

康熙三十五年（1696），皇帝命宮廷畫家焦秉貞參照〔宋〕樓璹所作《耕織圖》，重新繪製。每圖題御製七言絕句，由名匠朱圭鐫刻，用以勸喻農桑。其後鐫版流傳，內容計有「耕圖」、「織圖」各二十三幅（圖2-3-1），形象生動地描繪農村生產勞動的過程。焦秉貞緊密工緻的筆觸，注重人物比例協調，畫面富有空間感，《國朝徵畫錄》評該書：

> 所作村落風景，田家作苦，曲盡其致，深契聖衷，錫賚甚厚，旋鏤版印賜臣工。
> 〔註62〕

圖2-3-1　《御製耕織圖詩》

清康熙三十五年（1696）武英殿刊本套印本

《御製耕織圖》的繪刻爲宮廷版畫的發展，起了示範作用。〔註63〕

〔註62〕參〔清〕張庚，《國朝畫徵錄》，（上海，上海書畫，1996），頁345。

〔註63〕今能考察最早的《耕織圖》，爲南宋樓璹所作，有耕圖21幅，織圖24幅，宋寧宗嘉定三年（1210）鐫石，並由樓氏後人製成木刻刷行世，但版本久已失傳。自康熙三十五年（1696）本後，《耕織圖》出現多種版本、木刻、繪本、石刻本、墨本均行於世。如康熙三十八年（1699）張鵬翮刻本；康熙五十一年（1712）內府刊本、康熙年間（1662～1722）雍親王胤禛絹底彩繪本、康熙年間（1662～1722）宮廷繪白描本、乾隆三十四年（1769）北京刻朱墨套印本、嘉慶十三年（1808）《耕織圖詩》補刊本、光緒五年（1879）上海點石齋《御製耕織圖》石印本，等等諸多版本。

圖 2-3-2　《御製避暑山莊三十六景詩》

清康熙五十一年（1712）內府刊朱墨套印本

圖 2-3-3　《御製圓明園四十景詩》

清乾隆十年（1745）武英殿刊朱墨套印本

在描繪皇家園囿的建築和景致方面，有康熙五十一年（1712）內府刊朱墨套印本《御製避暑山莊三十六景詩》（圖 2-3-2）。避暑山莊位於承德，爲清代著名行宮，康熙以圖、詩對應方式，據實景寫繪，配詩刊行。由沈喻繪圖，朱圭、梅裕鳳刻，畫面清晰，章法多變，鐫刻刀法一絲不苟。乾隆六年（1741），又增添乾隆恭和詩。〔註 64〕另乾隆十年（1745）刊成的《御製圓明園四十景詩》（圖 2-3-3），由孫祐及沈源作圖，詩圖並茂，畫面規整，鋪陳拘謹。圓明園在第二次鴉片戰爭（1856～1860）中，遭英法聯軍焚毀，這些版畫成爲日後了解圓明園建築原貌，難得的圖像史料。

在記錄皇家慶典活動之版畫，有刊於康熙五十二年（1713）的《萬壽盛典初集》，圖繪慶祝康

〔註 64〕此本圖版內容雖與原版相同，但刀法細微之處略有差異，經考證，此版乃據原版翻刻後刷印而成。可參故宮博物院，《清代宮廷版畫》，（北京，紫禁城，2006），頁 34。

熙六十誕辰壽典；其書插圖二卷，篇幅浩繁，畫中繪刻京城長達六里的慶祝
儀仗隊伍，是一部紀實性的版畫巨作。另有乾隆五十五年（1790）阿桂等奉
敕編《八旬萬壽盛典》，其取景多仿效康熙《萬壽盛典初集》，僅將服飾季節
稍加變化，藝術上並沒有多大的創新。鄭振鐸即論乾隆版之刻工較為簡率，
不及康熙版甚遠。〔註 65〕此類題材翔實地記錄歷史事件，也是清代宮廷及市
井生活的重要形象資料。

　　乾隆十九年（1754）命修盤山新志；隔年（1755）武英殿刊《欽定盤山
志》（圖 2-3-4），是書
雖歸類方志書籍，但由
武英殿刊刻，故列於此
處說明。盤山位於河北
薊縣；康熙、乾隆多次
到此巡遊，乾隆並於此
建造靜寄山莊。《欽定
盤山志》附圖四十幅，
刀筆俱精，將盤山的層
巒疊嶂、逶迤磅礴展露
無遺，並穿插有林壑幽
邃、樹石掩映古剎禪
院。另乾隆三十五年
（1770）輯成《南巡盛
典》，書中〈名勝〉一
門，寫南巡時所遇風

圖 2-3-4　　《欽定盤山志》

清乾隆二十年（1755）武英殿刊

景，從蘆溝橋至蘭亭，約一百六十幅圖。其中山水版畫多出於上官周之手，
是一部以圖畫形式保留的文獻紀錄。鄭振鐸認為，此帙既是記錄各地風光，
其圖版應是變化多端，但繪圖者並沒有如實顯現各地域之特色；或不同名勝
突出之處，手法較為呆板。〔註66〕

　　除了上述宣揚帝王文治武功、佳景園林的繪刻外，武英殿所繪製的山水
版畫中，還有兼具實用與參考價值的精美圖版。例如：集各類題材於一書的

〔註65〕參鄭振鐸，《中國古代木刻畫史略》，（上海，上海書店，2006），頁 180。
〔註66〕參同上註。

《古今圖書集成》，是書竣於雍正四年（1726）。其中〈山川典〉，有兩百多幅山嶽形勢圖（圖 2-3-5），圖版內容多數新穎且富有變化，版面粗疏有致，線條細膩勻整。表現高超的畫技與一絲不苟的刀刻藝術，反映出清代早期殿版畫的風格和藝術成就。另乾隆四十年（1775）武英殿聚珍版印本《墨法集要》，是書雖專論油煙墨製造技法，然所附二十餘圖之配景生趣盎然，如房屋、枝葉、水流、動物等皆佈置得宜。

圖 2-3-5　《古今圖書集成》

圖山臺雲

清雍正四年（1726）武英殿刊本

三、清代早期方志書籍中的山水版畫

清代早期刊印的方志，大多附錄山水形勢圖；這些圖版在刊行的山水版畫中佔相當高的比例。清代方志插圖的題材內容，除疆域、城廓、學宮、名勝、壇廟外，部分方志還附水利、村落、風俗活動等圖，風貌較明代方志插圖更為多樣。加上，受清殿版畫影響，部分圖版繪刻工整，極力寫實，亦有兼具活潑生動之佳構者。

　　清代方志所附插圖中，以專門記錄山川名勝之山水志，最屬精美。清代
著名方志學家章學誠，提出山水志和地方志各具特點：

　　夫志州縣，與志名山不同。彼以形勝景物爲主，描摹宛肖爲工，崖
　　顛之碑；壁陰之記，以及雷電鬼怪之跡，洞天符檢之文，與夫今古
　　名流游覽登眺之作，收無孑遺；……若夫州縣之承，即當時一國之
　　書，民人社稷，政教典故，所用甚廣，豈可與彼一例？〔註67〕

可知，山水志圖文並茂，將名勝古蹟、湖光山色詳實繪刻，兼具藝術與實用
價值。

　　安徽黃山勝景歷來名冠天下，關於黃山的風景版畫頗多。如〔清〕程弘
志從順治八年（1651）至康熙十三年（1674），以二十餘年所輯之《黃山志》，
有開闊壯觀的「黃山圖」一幅，爲〔清〕汪晉谷依古圖經寫繪，鑴刻者爲黃
際之、黃如松。圖版採十四葉連式，繪黃山三十六峰及岩洞僧舍寺觀村落，
並各標其名，圖版多筆簡意盡。又有康熙六年（1667）刻本的《黃山志》，〔清〕
釋弘眉纂，附圖九幅，〔清〕江注等所畫，李符九刻。以及康熙十八年（1679）
刻本《黃山志定本》，由〔清〕閔麟嗣修纂，〔清〕蕭晨摹明萬曆名家鄭千里
所繪之「黃山圖」，刻成「黃山圖」十六幅，由〔清〕湯能臣、柏青芝鑴圖。

　　最著名者爲《黃山志續集》中所附之圖（圖2-3-6），是書內容爲〔清〕汪士鈜錄黃山詩文；〔清〕釋雪莊繪「黃山圖」，由吳瞻泰、汪士鈜等刻成版畫四十三幅，圖版採合葉連式，據吳崧題跋，應爲康熙三十七年（1698）刊行。圖版爲雪莊據景實寫，用筆大膽，構圖質樸。其後又有康熙三十九年（1700）刊之《黃山續

圖 2-3-6　《黃山志續集》

清康熙三十九年（1700）刊本

<hr />

〔註67〕參〔清〕章學誠，葉瑛校注，《文史通義》，卷8〈修志十議〉一篇，（北京，
　　　　中華，1985），頁848。

志定本》，據前書增補而成。插圖四十六幅，皆單面形式，爲〔清〕汪洪度所繪。其中「西海門」、「鳴弦泉」、「白龍潭」、「朱砂峰」等幅，尤爲佳作。

此外，描繪清代早期西湖圖景的志書亦多。順治十二年（1655）刻本《西湖覽勝詩志》，爲〔清〕夏基所撰。〈西湖圖說〉一卷中，載勝景圖十九幅，取景不拘於一般所指西湖十景，「白堤」一圖近似西湖全景圖，其餘諸圖皆各富意趣。雍正年間（1722～1735），浙江巡撫李衛修纂《西湖志》，於〈名勝〉一卷

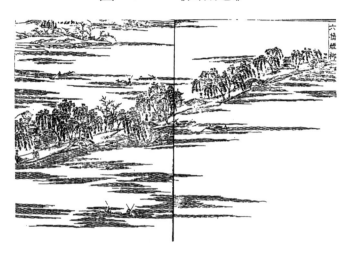

圖 2-3-7　　《西湖志》

清雍正年間（1722～1735）刊本

中，附「西湖十景圖」、「錢塘八景圖」、「增修西湖十八景圖」等四十一幅（圖 2-3-7），圖版中的人物縮小成風景的點綴，此時西湖業經人爲加工，繪刻雖精緻，卻已漸成工筆，缺乏天然情趣。其後又有乾隆十八年（1753），梁詩正等以《西湖志》爲底本，擇其精要，輯成《西湖志纂》，書中插圖繪刻更爲嚴謹。

描繪一地之勝景的地理類籍還有，康熙十年（1671）嵇宗孟立命堂刊本《楚江蟲史》。繪安徽采石磯溯江而上至黃鶴樓之景，計二十四幅，繪圖生動，刀刻精細，刻工姓氏不詳。康熙二十四年（1685）聚星樓刊《池州杏花村志》，杏花村位於安徽貴池縣，編者爲〔清〕貴池人郎遂，此本繪「杏花村十二景」，詩意盎然，畫風清麗。康熙五十一年（1712）翁軒章氏刊《墟中十八圖詠》，由〔清〕章標繪圖，周明鳳、張大楫、蔡柱成刻，寫浙江紹興風光，如「東市」一圖，描繪紹興熱鬧的水鄉集市。康熙年間（1661～1722）刊《端溪硯坑志》，端溪硯爲中國四大名硯之首，是書圖版寫該地風光，圖版多標示地名。

乾隆三十年（1765）趙之壁編《平山堂圖志》，平山堂爲揚州名勝，其中「蜀岡保障河全景」爲瘦西湖上園林全景的示意圖，另有「萬松疊翠」、「熙春臺」、

「平岡艷雪」等，共六十六幅圖版（圖 2-3-8），前後相連，若展開則為一幅園林版畫長卷，將亭臺樓閣盡收眼底。乾隆三十二年（1767）附於《天台山方外志要》中的「天台十六景」，由〔清〕鮑丁所繪，每圖題詠古人詩句，是山水版畫中，別出機杼之作，尤其「秋山烟雨」、「清溪落雁」諸作，更屬精湛。乾隆三十五年（1770）宋溶刻《浯溪新志》，圖十七幅，〔清〕唐一儒繪，繪有湖南浯溪之景。

方志門類中的佛寺志，亦有精妙的山水版畫，康熙年間（1662～1722）刊《靈隱寺志》，〔清〕孫治初輯，徐增重修。靈隱寺為佛教名剎，位於浙江靈隱山麓，歷來為遊覽勝地。書中插圖奇峰突兀，殿宇幽深，古木蒼鬱。

圖 2-3-8　《平山堂圖志》

清乾隆三十年（1765）刊本

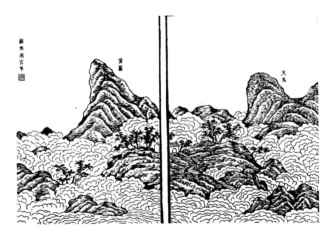

圖 2-3-9　《古歙山川圖》

清康熙三十一年（1692）阮溪水香園刻本

又同為康熙年間（1662～1722）刻本《鼎湖山志》，〔清〕成鷲撰，圖版為李桐所繪。是書記載慶雲寺之歷史，實為寺志，首卷載「鼎湖山總圖」，後有鼎湖十景圖，每圖前半葉為〔清〕鄭際泰對題鼎湖十景詩，多富禪意。

以行政區域為主所編纂的方志，有康熙三十一年（1692）阮溪水香園刻本《古歙山川圖》（圖 2-3-9），為〔清〕靳治荊纂修《歙縣縣志》時，特請畫家吳逸繪歙縣山水圖，以之付梓。圖冠於卷首，計二十四幅，連嶂疊秀，筆

墨生輝。康熙三十二年（1693）刊本《休寧縣志》，由〔清〕陳霞、陳邦華繪圖，黃方中、程波鐫刻，以跨葉連式之插圖形式，採錄了休寧縣多處勝景。康熙五十九年（1720）刻本《西江志》，即江西南昌志，爲〔清〕白潢、查愼行等纂修，插圖二十五幅。觀「滕王閣」一圖，千帆競渡、氣勢宏闊。

四、清代早期圖集、畫譜與戲曲小說等的山水版畫

圖 2-3-10　《太平山水圖畫》

清順治五年（1648）刊本

清順治時期（1644～1661），以蕭雲從所繪《太平山水圖畫》（圖 2-3-10）最爲著名。是書刊於順治五年（1648），繪太平州所轄當塗、蕪湖及繁昌三縣山川勝景，計四十三幅，其中，第一幅爲近似序言的〈太平山水全圖〉，描繪了太平州當塗、蕪湖及繁昌三縣全境；其餘則分別爲當塗勝景十五幅、蕪湖十四幅、繁昌十三幅。

四十三幅構圖全無雷同，頗具巧心，筆法變化自如，鐫者爲徽州名手劉榮、湯尙、湯義等人。鄭振鐸對此龔版畫有一段評論：「圖凡四十三幅，無一不具深遠之趣。或蕭疏如雲林，或嚴謹如小李將軍，或繁花怒發，大道騈馳；或浪捲雲舒，烟靄渺渺；或田園歷歷如氈紋，山峰耸疊似島嶼；或作危岩驚險之勢；或寫鄉野恬靜之態，大抵諸家山水畫作風，無不畢于斯，可謂集大成之作已！」〔註 68〕其作品成功源於對家鄉山水的親身體會。

此類風景版畫另有周心慧於《中國版畫史叢稿》一書所提：〔註 69〕清初刊《天下名山圖》、《臥游天下圖》，此二峽山水版畫鮮有版畫史著述提及，前

〔註68〕鄭振鐸，《劫中得書記》，（上海，古典文學，1956），頁 60。

〔註69〕參周心慧，《中國版畫史叢稿》，〈清代的版畫〉一篇，（北京，學苑，2002），頁 195。

者收版畫一百七十四幅，後者收版畫二十八幅，兩者風格相近，圖繪繁複，線刻纖勁。以及，乾隆二十年（1755）刊《江南名勝圖說》（圖 2-3-11），寫繪江南風光的山水版畫二十餘幅，如「寶華山」、「紫峰閣」、「珍珠泉」等名勝，布局穩妥，線刻勻潔。

圖 2-3-11　　《江南名勝圖說》

清乾隆二十年（1755）刊本

圖 2-3-12　　《廣陵名勝全景》

清乾隆年間刊本

描繪園林勝景之版畫則有，乾隆十一年（1746）刻本《揚州東園題詠》，〔清〕賀君召編，袁耀所繪，錄「東園圖」十二幅，圖版佳妙。乾隆三十年（1765）刊《蓮池書院圖詠》，〔清〕方觀承、張敘等撰，蓮池書院為北方著名的學術中心，饒有園林花木之勝。乾隆年間刊《廣陵名勝全景》（圖 2-3-12），由「竹溪芳徑」至「焦山」，計四十八圖。揚州舊稱廣陵，園林名勝薈萃，此版圖繪清新，別有韻致。上述園林版畫，對於今人考察清代園林風貌，提供珍貴的形像資料。

　　清廷入關後，認為某些小說、戲曲流於淫穢，實行鉗制的文化政策，屢次查禁銷毀戲曲、小說等通俗讀物。〔註70〕此類翫賞型的版畫在清初雖然銳

〔註70〕參《大清聖祖仁皇帝實錄》，卷 258，（北京，中華，1986），頁 552。康熙五十三年（1714）四月，上諭：「近見坊間多賣小說淫詞，荒唐俚鄙，殊非正理，不但誘惑愚民，即縉紳士子，未免游目而蠱心焉，所關於風俗者非細，應即

減，但仍有部分繪刻山水插圖的戲曲小說佳作。如話本小說中的《西湖佳話》，康熙金陵王衙刻本，署「古吳墨浪子搜輯」，作者生平不詳，僅於卷首見康熙十二年（1673）作者序。書收「西湖全圖」及「西湖佳景十圖」，原爲五色套印。其中「西湖全景圖」上標有景點名，「佳景十圖」則無標名，各圖遠近向背分明。另有小說選本《西湖拾遺》，乾隆五十六年（1791）自愧軒刻，署「錢塘梅溪氏搜輯」，作者爲〔清〕陳樹基，字梅溪。卷一爲「西湖全圖」，卷二爲「西湖十景圖」，卷三爲「西湖人物圖」，計五十八幅。

　　而集部中的山水版畫，較爲特出者尚有，康熙二十四年（1685）刊《懷嵩堂贈言》，〔清〕耿介定編，汪璲畫，鮑承勳刻。書中「嵩山總圖」氣勢雄偉，乃汪璲身歷該地所繪。乾隆十一年（1746）刊《聽松庵竹爐圖詠》，四幅圖版分別爲〔明〕王紱、履齋、吳珵，及〔清〕張宗蒼所畫，屬江南刻手之作，筆意活潑，線刻簡潔。乾隆六十年（1795）自然庵初刻本《揚州畫舫錄》爲〔清〕李斗著名筆記（圖2-3-13），書中分類敘述乾隆年間（1739～1795）揚州的社會生活，圖版二十八幅，收錄於部分卷次之前，寫繪與該章內容相關的園林風景。

圖 2-3-13　《揚州畫舫錄》

清乾隆六十年（1795）自然庵初刻本

　　此外，以圖爲主的刊本畫譜、墨譜與圖詠等，也在明代既有基礎上獲得進一步的發展。例如：《芥子園畫傳》於康熙十八年（1670）完成初集五卷，其中第二卷爲〈樹譜〉，第三卷爲〈山石譜〉，第五卷則摹仿各家山水畫譜，摹仿諸家橫長式二十幅、宮紈式十幅、摺扇式十幅等。是書引導初學者循序摹畫，是一部頗具系統的繪畫教科書。

　　康熙五十三年（1714），由〔清〕吳熔繪，休寧人劉功臣刊刻《白嶽凝煙》，雖屬墨譜，同時也是一部精美的山水版畫集。白嶽位於安徽休寧縣西的齊雲

通行嚴禁。」

山，北與黃山相對，風景秀麗，歷來素以「黃山白嶽」並稱。白嶽地產松烟，以製墨聞名，該墨譜繪刻有四十景，各為一圖，取景甚佳，皆單面方式，刀法嚴整，如「獨聳峰」一幅露白頗多，別具情趣。

第三章　《集成・山川典》山水版畫評析

　　古籍山水版畫類別眾多，有遊記與旅遊導覽書中的山水名勝圖，具有景點導覽之功能；有各類方志中的山川地貌圖，數量之豐為山水版畫的最大宗遺存；有類書中的山嶽形勢插圖，圖像與文字互為印證；有畫譜、圖集與戲曲小說等所繪刻的山水版畫，多具有故事性，畫作意蘊豐富。而類書所附之山水版畫，多參考相關古籍，並按地理方位編排，系統地收錄山水插圖。其中，以清宮所刻《集成・山川典》之山水插圖最為精當，其寫繪嚴謹，版刻線條細緻，內容包羅多樣。兩百餘圖中，收有五嶽、五鎮及宗教名山圖；或蘊含該山傳說故事中的人物、情節之插圖；或具有導覽性質之圖版。故本章擬以《集成・山川典》兩百餘幅山水插圖為例，對其作一評述與分析。

第一節　《集成・山川典》插圖概述

一、《集成》編纂述要

　　清初學者陳夢雷銜康熙之命，主持編輯《古今圖書集成》，[註1]《集成》初稿稱為《彙編》，據陳夢雷〈進彙編啟〉講述編寫《彙編》一事，節錄如下：

〔註1〕陳夢雷，字震則，福建侯官人，康熙九年（1669）進士，十一年（1671）授翰林院編修。其生平行事可詳參：張玉興，〈陳夢雷〉，載清史編委會編，《清代人物傳稿》，上編第7卷，（北京，中華，1995），頁353～362。

（雷）不揣蚊力負山，遂以一人獨肩斯任。僅於康熙四十年（1701）
十月爲始，領銀雇人繕寫。蒙我王爺殿下，頒發協一堂所藏鴻編，
合之雷家經、史、子、集，約計一萬五千餘卷。至此四十五年（1706）
四月內書得告成。分爲彙編者六，爲志三十有二，爲部六千有零。……
謹先謄〈目錄〉、〈凡例〉爲一冊上呈。〔註2〕

夢雷於康熙四十五年（1706）時，將《集成》的組織結構與卷帙規模粗定，其
後十餘年的時間勤力編修。〔註3〕雍正帝繼位後，**轉由蔣廷錫等人校訂**，〔註4〕
據雍正元年（1723）十二月十二日的一道上諭：

陳夢雷處所存《古今圖書集成》一書，皆皇考指示訓誨，欽定條例
費數十年，聖心故能貫穿今古，彙合經史，天文地理皆有圖記，下
至山川草木、百工製造，海西秘法靡不備具，洵爲典籍之大觀。此
書工猶未竣，著九卿公舉一二學問淵通之人，令其編輯竣事，原稿
內有訛錯未當者，即加潤色增刪……。〔註5〕

可知《集成》於康熙時期（1662～1722），文字內容與插圖的繪刻業已完成；
雍正時期（1723～1735）的蔣廷錫等人，僅針對部分不妥的文字加以刪修，
應無大幅度的更動與增補。《集成》卷首雍正四年（1726）之〈雍正序〉云：

朕紹登大寶，思繼先志，特命尚書蔣廷錫等董司其事，督率在館諸
臣重加編校。窮朝夕之力，閱三載之勤，凡釐定三千餘卷，增刪數
十萬言，圖繪精審，考定詳悉。

〈雍正序〉中強調全書「圖繪精審，考定詳悉」，爲現存規模最大，體例最完
備，圖版最豐富的一部類書。

　　《集成》在〈職方典〉、〈山川典〉、〈邊裔典〉、〈禽蟲典〉、〈草木典〉、〈考
工典〉等各分類中，附圖資料豐厚，〔註6〕圖像版刻精細。據〈凡例〉第十一則：

〔註2〕 參〔清〕陳夢雷，《松鶴山房文集》，卷2，收於《續修四庫全書》第1416冊，
　　　　（上海，上海古籍，2002），頁38～39。
〔註3〕 關於《集成》編纂過程之研究，可參裴芹，《古今圖書集成研究》一書之〈古
　　　　今圖書集成編纂考〉，（北京，北京圖書館，2001），頁29～42。
〔註4〕 〔清〕蔣廷錫，字揚孫，號西君，又號西谷，江蘇常州人，初由舉人供奉內
　　　　廷，康熙四十二年（1703）進士，入翰林。其生平可參〔清〕李桓，《國朝耆
　　　　獻類徵初編》，（臺北，文有，1970），卷16，頁7～10。
〔註5〕 參〔清〕允祿等，《世宗憲皇帝上諭內閣》，卷2，收於《景印文淵閣四庫全書》
　　　　史部第172冊，（臺北，臺灣商務，1986），頁31。
〔註6〕 參裴芹，《古今圖書集成研究》，（北京，北京圖書館，2001），頁45。「《古今

> 古人左圖右史，如疆域山川，圖不可缺也。即禽獸、草木、器用之
> 形體，往籍所有，亦可存以備覽觀。或一物而諸家之圖所存互異，
> 亦並列之，以備參考。

但因其插圖製作並無署名相關繪刻者姓氏，歷來研究《集成》之學者亦無法
追述。而《集成》之重新編校者蔣廷錫，除了具有大學士的身分外，亦爲供
奉內廷的畫家，據《國朝畫徵錄》云：

> （廷錫）以逸筆寫生，或奇或正，或率或工，或賦色，或暈墨，一
> 幅之中橫間出之，而自然洽和，風神生動，意度堂堂，點綴波石水
> 口無不超脫，擬其所至，直奪元人之席矣，雅尚筆墨者，多奉爲楷
> 模焉。〔註7〕

從史料上看，蔣氏主持《集成》最後的校訂，是雍正帝因其「學問淵通」外，
亦考量其畫作與當時畫壇的地位，故作如此安排；或甚至雍正特別看重此書
的版畫內容。

　　清代早期帝王重視翰墨丹青，在宮中聚集一批御用藝術家。康、雍時期（1662
～1735），宮廷版畫的繪製者，佼佼如焦秉貞、〔註8〕王原祁、〔註9〕王翬、冷
枚、〔註10〕沈喻等。〔註11〕焦秉貞繪有《耕織圖》，《國朝畫徵錄》云：

> （秉貞）……工人物，其位置之自近而遠，由大及小，不爽毫毛，
> 蓋西洋畫法也……。〔註12〕

王原祁係《萬壽盛典初集》的繪製主持者之一，《桐陰論畫》中論及原祁之畫
山石：

> 麓臺山石，妙如雲氣騰溢，模糊翁鬱，一望無際，眞高出諸家上，

圖書集成》結構經目、緯目一覽表」，統計全書有 1472 幅圖，附圖較多的典
部有〈職方典〉201 幅、〈山川典〉201 幅、〈邊裔典〉52 幅、〈禽蟲典〉244
幅、〈草木典〉568 幅、〈考工典〉72 幅等。

〔註7〕　參〔清〕張庚，《國朝畫徵錄》，（臺北，新興，1956），卷下，頁 4。

〔註8〕　參同上註，卷中，頁 4。

〔註9〕　參同上註，卷下，頁 1。王原祁，字茂京，號麓臺，歷官至少司農，主要繪有
　　　　《萬壽盛典初集》。

〔註10〕　參同上註，卷中，頁 4。冷枚，字吉臣，膠州人，尤工仕女，焦秉貞弟子。於
　　　　康熙中期任內廷供奉。

〔註11〕　〔清〕沈喻，字玉峰，位至內閣侍講學士，擅畫山水，尤長於閣樓。主要繪
　　　　製《避暑山莊三十六景圖》及《圓明園四十景圖》等。

〔註12〕　參註7，卷中，頁 7。焦秉貞，山東濟寧人，領官欽天監五官正，主要繪有《耕
　　　　織圖》。

用筆均極隨意，絕無拘牽束縛之態。〔註13〕

王翬亦為《萬壽盛典初集》畫稿繪製者之一，其著《清暉畫跋》曾論：

以元人筆墨，運宋人丘壑，而澤以唐人氣韻，乃為大成。〔註14〕

可知其擅長臨古。冷枚為《萬壽盛典初集》畫稿修潤，擅畫人物、山水、鳥獸；另沈喻繪《避暑山莊三十六景詩》之附圖，俱屬當時重要的宮廷畫家。

除了上述畫家外，皇室亦徵調各地優秀的技藝工匠，〔註15〕其中版畫刻工主要有朱圭和梅裕鳳，兩人皆能繪擅刻。朱圭，字上如，活動於康熙年間（1662～1722），早期作品有康熙八年（1669）劉源繪圖本《凌烟閣功臣像》，約於康熙三十年（1691）前後入內府供職，任鴻臚寺序班，是當時的雕刻名家。梅裕鳳，生平不詳，亦為供奉內廷雕刻名手之一。〔註16〕《萬壽盛典圖》即為朱圭所刻，《耕織圖》則為朱圭與梅裕鳳兩人合刻。《集成》書中插圖雖不署鐫畫刻工之名，但判斷上述畫家名工應有參與。

二、《集成‧山川典》插圖的編排

《集成》的內容畫分為六個〈彙編〉，關於地理類的資料收於〈方輿彙編〉，其下又分成四個典，〈山川典〉即列於其中，參〈凡例〉第一則：

是書為編有六，一曰曆象彙編；二曰方輿彙編；三曰明倫彙編；四曰博物彙編；五曰理學彙編；六曰經濟彙編。

以及〈凡例〉第三則：

方輿彙編，其典四：一曰坤輿，二曰職方，三曰山川，四曰邊裔。

〈山川典〉分山部、川部及海部；僅山部附有插圖，據〈凡例〉第二十四則云：

山川典，山川已載職方典中。然職方以各府分部，一二名山大川

〔註13〕 參〔清〕秦祖永，《桐陰論畫》，收於沈子丞，《歷代論畫名著彙編》，（北京，文物，1982），頁627。

〔註14〕 參〔清〕王翬，〈清暉畫跋〉，收於《歷代論畫名著彙編》，（北京，文物，1982），頁314～315。

〔註15〕 參翁連溪，〈清內府武英殿刊刻版畫〉，載《收藏家》，2001年，第08期，頁38。說明清代宮廷版畫的刊刻，具體表現有：云集一批學識優長、善於詞文、書法高超的儒臣及畫壇上較有名的畫家，同時網羅眾多在寫版雕刻、刷印、裝潢方面技藝優良的工匠。

〔註16〕 參翁連溪，〈清代宮廷版畫概述〉，收於《清代宮廷版畫》，（北京，文物，2001），頁12。

連跨數十郡邑，非通志一二語可，故別立一典。山則有圖以志其
　形，並考其跨連地界，與他郡邑名同而實殊者。一山之中，水泉
　物產之多寡，寺觀古蹟之廢興，皆志之，可當臥遊。一水之中，
　源流曲折，灌溉之利，險阻之資，所關尤鉅，非圖可悉，必合山
　經、地志、史傳、稗官小說、雜記，備書其詳。皆經世務者所必
　知，非徒博涉而已。

說明山川橫跨地界之廣，難詳盡於單一地域的方志中，故別立此典。且〈職
方典〉所附插圖爲各省暨各府疆域圖，侷限於某府某邑，難以反映自然地理
風貌，〈山川典〉則專繪刻山嶽形勢圖。而川部與海部未收圖版之因，乃河川、
湖海源流曲折，實難以一圖明之，故僅山部有附插圖。

　　《集成‧山川典》山部之下，析分兩百七十九部，其中附圖凡一百九十
九部；雖非每部皆有附圖，其收圖比例亦佔七成之豐（表 3-1-1）。總計兩百
一十三幅插圖；附圖之部，多數爲一部一圖，但也有據各種說法考證後，將
所指陳之地點及插圖皆列出，故有圖版數量較部數多的情況，此部分將於下
章說明。

表 3-1-1　《集成‧山川典》山部中各省所屬部數與插圖數量統計表

地　點（省）	所屬部數（部）	插圖數量（幅）
1 盛京	4	3
2 直隸	7	8
3 山東	21	24
4 山西	17	21
5 河南	15	15
6 陝西	24	10
7 江南	35	29
8 浙江	40	31
9 江西	29	14
10 湖廣	27	21
11 四川	15	9
12 福建	16	10

13 廣東	12	5
14 廣西	8	6
15 雲南	9	6
總　　計	279 部	212 幅

備註：上表總計 212 幅圖，卷 46「太行山圖」跨直隸、河南、山西，故未列入各省統
　　　計表。

　　諸圖所在地點，筆者以該部〈彙考〉內容爲依據，另據《集成・職方典》
總部與府部劃分規則，該原則是根據清朝初年分省的行政區劃，〔註17〕《集
成・職方典》彙整康熙時期（1662～1722）各行政區域規劃之文獻。例卷 9
「長白山圖」，其〈彙考〉題爲「奉天府東北之長白山」，而《集成・職方典》
之「奉天府部」位於「盛京總部」之下，故該圖地點位於盛京；又如卷 13
「東嶽泰山圖」，其〈彙考〉內容提到「漢置泰山郡，今屬濟南府」，參照《集
成・職方典》「濟南府」列於「山東總部」之下，故該圖地點位於山東。茲
將〈職方典〉所附兩百一十三幅圖，諸圖地點以表列述之（詳參本文之【附
錄】）。

　　《集成・山川典》插圖地點，其編排順序依次爲：盛京、直隸、山東、
山西、河南、陝西、江南（清康熙時期劃分爲江蘇、安徽兩省）、浙江、江西、
湖廣、四川、福建、廣東、廣西、雲南，計十五個省（詳參本文之【附錄】）。
〔註18〕《集成・職方典》第一卷之「職方總部圖」，「職方總部圖」中的地名，
只表示該省主要地點，如：瀋陽指盛京、濟南府指山東，筆者已於圖版上另
標示各省（圖 3-1-1）。由上述資料參佐，可知《集成・山川典》插圖編排順序
乃自北往南，由東向西，是經過系統且秩序的安排。

〔註17〕　參鄒逸麟，《中國歷史地理概述》，（上海，上海教育，2007），頁 199～240。
　　　　說明歷代行政區劃的變遷中，行省時代與中央集權的加強，清朝繼承元、明
　　　　以來的分省建制，以省爲地方上的最高行政區域。
〔註18〕　參楊家駱，《古今圖書集成序例・簡目彙編》，（臺北，鼎文，1977），頁 32～
　　　　33。「鼎文版古今圖書集成」雖就銅活字本縮影，但已經過加工整理。如依照
　　　　山脈走勢，改列其次序，並依前人所慣，舉五嶽、五鎮爲代表，遇不名爲山，
　　　　而名爲峰、洞、巖、嶺者則別列之。

圖 3-1-1 《集成‧職方典》職方總部圖

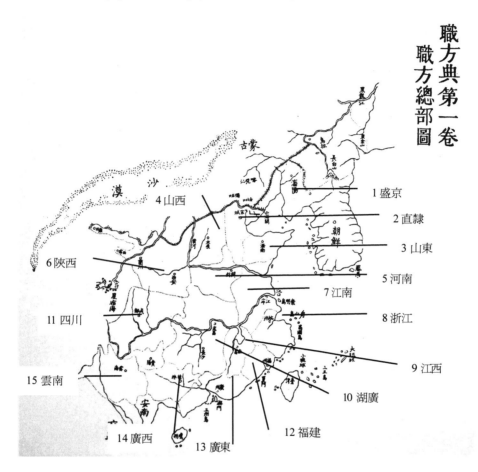

據裴芹等人的研究，《集成‧山川典》中方志材料比重很大，然地方志的編修各地並不平衡，開發早、歷史久的地區，方志基礎就好；相反地，偏遠落後地區，方志就差，種類少，水準低。〔註 19〕而方志所附山水插圖數量，為山水版畫之最大遺存；換言之，方志資料越豐富的地區，山水版畫的收錄或繪刻依據，相對較方志資料較為少量之地區充足。明、清山水版畫的發展因素，與當時經濟、社會與文化的發展有顯著關係；〔註 20〕據此或可說明：

〔註 19〕參裴芹，《古今圖書集成研究》之〈《古今圖書集成》與方志〉一篇，（北京，北京圖書館，2001），頁 87、88、93。以及，裴芹、李智海，〈《古今圖書集成》與方志〉，收於《內蒙古民族師院學報》哲社版，1999 年，第 1 期，頁7、9。

〔註 20〕可參本文第二章第二、三節之論述。

經濟、社會與文化較為發達的地區，人口較多，〔註21〕因其發展所需，修志之風興盛，相對所附山川插圖數量亦較為豐富。

　　據《清宮藏書》論：「清代方志中的地圖和修志一樣，隨著各地經濟、文化發展的差異而有顯著不同。從所附地圖數量上看，以浙江、江蘇、山東、安徽等省的方志中地圖較多，一般每種志書所附約在十幅以上。四川、河北、河南等省，雖然志書頗多，但所附地圖數量較少。從地圖種類上看，也以江、浙、安徽等省的志書中所附地圖內容豐富，除有疆域、城廓、治所、學宮、風景名勝、廟壇、分野各圖外，有的方志還有各種水利、天文、武備、歷史、交通以及鄉都村落等圖。」〔註22〕史五一據《中國地方志聯合目錄》之統計，〔註23〕提出：「結合各地經濟文化發展的歷史狀況分析，東部及開發較早地區，由於經濟、文化較之其他地區發達，因而在這些地區的修志也比較興盛，……。在輿圖數量上，浙江、江蘇、山東、安徽等省的方志中輿圖量較大。」〔註24〕觀察《集成‧山川典》各省所附插圖之數量多寡的統計狀況，亦可看出此中差異，如山東、山西、浙江、江南等地的附圖數量較多，而經濟文化發展較為滯後的地方，如盛京、廣東、廣西、雲南等地區，附圖數量明顯較少。

三、《集成‧山川典‧彙考》與插圖的關係

　　《集成‧山川典》之內容編排規則，以第 30 卷「蓬萊山部」為例， 先有一〈彙考〉總題「海上三山之蓬萊山」，點出此山立於海上，接著〈彙考〉以一段文字敘明該山起名於何書，以及爾後流傳過程，此段文字整理出該山部資料之重點（圖 3-1-2），其後收該山插圖。〈彙考〉所收為一部中的大事，即該書〈凡例〉第九則中所說：

〔註21〕明、清人口各地數量統計與分析之研究，可參曹樹基，《中國人口史》第四卷〈明時期〉，（上海，復旦大學，2000），頁 240、247。及第五卷〈清時期〉，頁 832。據其書中明清時期各省人口分析，人口較多的省份為山東、山西、江蘇、江西、湖廣、浙江、安徽等。

〔註22〕參齊秀梅、楊玉良等，《清宮藏書》，（北京，紫禁城，2005），頁 289。

〔註23〕參中國科學院北京天文臺，《中國地方志聯合目錄》，（北京，中華，1985）。

〔註24〕參史五一，〈簡析清代方志中的輿圖〉，載《廣西地方志》，2009 年，第 01 期。作者在查閱 220 種清代方志中，有 26 種殘缺，不知是否有地圖，另外 194 種方志中有 2015 幅圖。輿圖最多的是康熙的《紹興府志》和《濟南府志》，均有 89 幅之豐，其次是康熙的《江寧府志》，多達 73 幅。

〈彙考〉之體有二：大事有年月可紀者，用編年之體，……，而一
　　事之始末沿革，展卷可知；……；或大事無年月可稽，與一事一物
　　無關政典者，則列經史於前，而以子集參互於後，……，一事因革
　　損益之源流，一物古今之稱謂，與其種類性情及其製造之法，皆可
　　概見矣。

意即各部之下以年代彙集文獻，對於一部之中沒有年月可考的大事，便以經、
史、子、集等相關資料順序列之。而一個山部之大事，多指山、峰、巖、洞
等之地理位置，或是該山命名之據，或發生於該山之重要事件等。故一部之
〈彙考〉總題與〈彙考〉內容，往往與該部之插圖內容有密切關係。試整理
《集成‧山川典》兩百一十三幅插圖與圖版前所錄之〈彙考〉總題以表述之
（詳參本文之【附錄】）。

圖 3-1-2　《集成‧山川典‧蓬萊山部‧彙考》

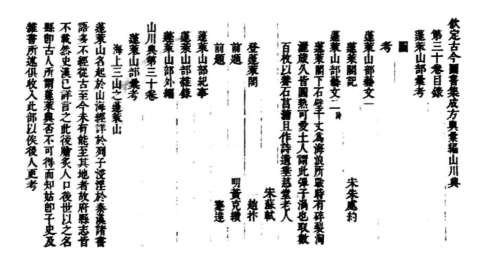

筆者據【附錄】整理出〈彙考〉總題約有以下幾種類型：

（一）標示該山屬五嶽、五鎮。如第 9 卷〈醫巫閭山部〉之「北鎮醫巫
　　　閭」、第 13 卷〈泰山部〉之「東嶽泰山」、第 40 卷〈霍山部〉之
　　　「中鎮霍山」、第 163 卷〈衡山部〉之「南嶽衡山」等。

（二）標名該山坐落位置。此類所佔〈彙考〉總題最多，有屬於某州府
　　　縣等地域，如：第 9 卷〈長白山部〉之「奉天府東北之長白山」、
　　　第 27 卷〈雲門山部〉之「青州之雲門山」。有兩地之界者，如：

第 77 卷〈吳山部〉之「吳越界之吳山」、第 136 卷〈仙巖山部〉
之「饒州廣信二府界之仙巖山」。或坐落於某水域間，如：第 96
卷〈洞庭山部〉之「太湖之洞庭山」、第 196 卷〈雞足山部〉之
「洱海畔之雞足山」。或以某山爲指標方位，如：第 49 卷〈林慮
山部〉之「太行山以東之林慮山」、第 66 卷〈武功山部〉之「太
白山南之武功山」等。

（三）該山曾發生之歷史事件或傳說故事。傳說故事，如：第 26 卷〈羽
山部〉之「舜殛鯀之羽山」、第 129 卷〈爛柯山部〉之「晉樵者
王質觀奕爛柯之石室」。或戰事，如：第 92 卷〈采石山部〉之「明
常遇春爭先破敵之采石磯」、第 153 卷〈赤壁山部〉之「吳周瑜
破魏兵之赤壁」。或帝王聖賢造訪之遺跡，如：第 26 卷〈牛山部〉
之「齊景公所登之牛山」、第 93 卷〈朐山部〉之「秦始皇立石之
朐山」。或歷史事件，如：第 64 卷〈香山部〉之「唐白居易九老
會之香山」、第 171 卷〈西山部〉之「唐柳宗元宴遊之西山」等。

（四）古籍所指稱之山。經部有《禹貢》、《魯頌》、《左傳》，如：第 23
卷〈華不注山部〉之「《左傳》之華不注」。史部有《水經》、《史
記》、《後漢書》、《越絕書》、《水經注》、《輿地志》、《隋書》，如：
第 107 卷〈天目山部〉之「《輿地志》之天目山」。子部則有：《山
海經》、《華嚴經》等。

（五）修道名士成仙隱居之說。如：第 29 卷〈大崑崙山部〉之「麻姑修
道之崑崙山」、第 53 卷〈蘇門山部〉之「晉孫登隱處之蘇門山」、
第 99 卷〈善權洞部〉之「舜時善卷隱居之洞」、第 178 卷〈雲臺
山部〉之「漢張道陵昇仙之雲臺山」等。

（六）道教洞天福地之所在。如：第 109 卷〈四明山部〉之「道書第九
洞天之四明山」、第 134 卷〈仙都山部〉之「道書第二十九洞天之
仙都山」等。

（七）特殊地理位置。有水之發源地，如：第 54 卷〈熊耳山部〉之「伊
洛發源之熊耳山」、第 64 卷〈桐柏山部〉之「淮水所出之桐柏山」。
有海島地形，如：第 30 卷〈蓬萊山部〉之「海上三山之蓬萊山」、
第 145 卷〈小孤山部〉之「江中特立之小孤山」等。有險要者，
如：第 110 卷〈招寶山部〉之「東南諸番入貢停舶之招寶山」、第

146 卷〈馬當山部〉之「古稱山水俱險之馬當山」等。

（八）除上述七種外，另有幾個較為特殊的〈彙考〉總題。有帝王陵墓遺址，如：第 66 卷〈驪山部〉之「秦始皇營葬之驪山」、第 81 卷〈鍾山部〉之「明孝陵之鍾山」、第 169 卷〈九疑山部〉之「舜陵之九疑山」。或古蹟，如：第 97 卷〈靈巖山部〉之「吳官舊地之靈巖山」。或有較為特出之處，如：第 98 卷〈惠山部〉之「天下第二泉之惠山」、第 130 卷〈富春山部〉之「漢嚴子陵之釣台」（此指富春山）等。

　　《集成·山川典》許多圖版內容即根據〈彙考〉所描述之地理景觀、歷史事件、名人遺跡所繪刻，充分發揮類書圖文參照的重要功能，部分圖版之〈彙考〉即為該圖版之說明，故觀賞插圖時可參資該部之〈彙考〉。由這些〈彙考〉總題可知，《集成·山川典》所附山水插圖門類繁多，可謂匯集方志的山川圖、旅遊導覽書的名勝圖以及蘊含敘事內容的圖版。

第二節　《集成·山川典》中的名山古剎之插圖

一、《集成·山川典》中的五嶽圖版〔註25〕

　　五嶽是中國五個方位的五座大山合稱，〔註26〕是中國君王禪天封地，祭祀自然神靈之處，自古以來備受重視。〔註27〕五嶽各守一方，各有其獨特的型態美，〔清〕魏源〈衡岳吟〉詠道：「恆山如行，岱山如坐，華山如立，嵩山如臥，唯有南嶽獨如飛。」〔註28〕可知論山形地貌，五嶽各具特色。而《集成·山川典》對於五嶽之繪刻，多數將其地型特色與主要景觀地貌呈現，以

〔註25〕「五嶽」一詞始見於《周禮·春官·大宗伯》：「以血祭祭社稷、五祀、五嶽。」〔漢〕鄭玄對《周禮》的注釋說：「五嶽，東曰岱宗、南嶽曰衡山、西曰華山、北嶽曰恆山、中嶽曰嵩山。」〔漢〕鄭玄，《周禮》，收於《四部叢刊初編》第 1 冊，（臺北，臺灣商務，1965）。（本文所引皆以此本為主）。關於五嶽的釋名，可參何平立，《崇山理念與中國文化》，（濟南，齊魯，2001），頁 59～62。

〔註26〕五嶽具體所指之山，歷史上有一變化的過程，本文僅就《集成》收錄之五嶽作圖版分析，歷來所演變之五嶽定位概不贅述。

〔註27〕〔漢〕司馬遷，《史記·封禪書》曰：「自古受命天王，曷嘗不封禪。」封禪是歷代帝王為答謝天地之恩而舉行的祭祀活動。

〔註28〕參〔清〕魏源，《魏源集》，（北京，中華，1976），頁 697。

下擬將《集成‧山川典》所列之五嶽圖版，作一分析。

東嶽泰山被尊為五嶽之首，泰山之雄，因山的體積宏大，坡度陡峭，線條俊拔，《詩經‧閟宮》即有「泰山巖巖，魯邦所瞻」的歌頌。《集成‧山川典》第13卷之「東嶽泰山圖」（圖3-2-1），圖中崖嶺、峰洞、奇石、溪谷、建築皆逐一標示，如即捨身崖、黃峴嶺、傲來峰、朝陽洞、王母池、紅門、碧霞宮等。全幅林木茂興，或傍倚峭壁，或佇立幽處，或點綴在寺廟周圍，懸崖巨石頭角崢嶸，山勢突兀峻挺，凌駕於齊魯丘陵。觀察圖版中央最上端處的主峰玉皇頂，有通天拔地之勢，形成一覽眾山和群峰拱岱的高曠氣勢，

玉皇頂右側標有「孔子小天下處」（參小圖），亦是〔唐〕杜甫〈望嶽〉詩中所云：「岱宗夫如何？齊魯青未了。……會當凌絕頂，一覽眾山小。」〔註29〕的最佳寫照。

圖3-2-1 《集成‧山川典》東嶽泰山圖

〔註29〕 參〔清〕聖祖，《全唐詩》，卷216，（臺北，明倫，1971）。（本文所引皆以此本為主）

　　再觀察第 41 卷之「北嶽恆山圖」（圖 3-2-2），此山峰巒延互，松木像是要衝入天際，山腰間若波浪狀的線條則表現緩坡之勢，全幅頗有君臨曠野之姿。據〈恆山部‧彙考〉載：

　　　　（恆山）高三千九百餘丈，周迴約三千里，峰巖洞峪，爲勝景，爲仙跡者甚眾。

圖 3-2-2　《集成‧山川典》北嶽恆山圖

以及《山西通志‧山川》：

　　　　（恆山）其山高侵霄漢山之頂，名天峰。嶺下建北嶽觀，觀側有飛石窟，上建后土祠，鎮之觀前，風如虎吼，名虎風口。觀東南五十里，有潛龍泉，歲旱禱雨輒應，又能愈疾。上建龍泉觀，觀之東有夕陽巖。巖下有通谷巖，東面有碧峰障。東南有古老嶺，嶺下有白虎峰。觀之北峰頂百餘步，有琴棋臺、會仙府、聚仙臺、得一菴，又東北有白雲堂。〔註30〕

而此幅「北嶽恆山圖」，山巒起伏之寫繪單調，建築景觀也僅簡略繪示三處寺

〔註30〕參〔明〕李維禎，《山西通志》，收於《稀見中國地方志彙刊》，（北京，中國書店，1992）第 4 冊，頁 67。

廟群，以及右上方遠處城門區域，皆無任何的文字標示。

　　河南嵩山因介於古都開封與洛陽之間，聳立在中州大地上，故稱中嶽，
〔註31〕《白虎通義》對此山之釋名：

中央為嵩高者何？嵩言其高大也。中
央之嶽獨加高字者何。中央居四方之
中而高，故曰嵩高山。〔註32〕

嵩山之奇奧，在於其景觀型態比幽景更為
封閉，觀察《集成‧山川典》第55卷之
「中嶽嵩山圖」（圖3-2-3），圖中四周崖
壁環列，細徑盤曲。嵩山主要由東部的太
室山和西部徑的少室山組成，山體構造複
雜，斷塊隆起，巍峨壁立。圖右側之中嶽

圖3-2-3　《集成‧山川典》中嶽嵩山圖

〔註31〕參謝凝高，《中國的名山與大川》，（臺北，臺灣商務，1994），頁14～18。又
　　　《史記‧封禪書》中說：「昔三代之君，皆在河洛之間，故嵩高為中嶽，而四
　　　嶽各如其方。」嵩高所在中州處於九州中央。
〔註32〕參〔漢〕班固，《白虎通義‧巡狩》，收於王雲五等，《國學基本叢書》178～
　　　180，（臺北，臺灣商務，1968），頁46。

廟，是規模宏大的宮殿式建築，佈局嚴謹，整個建築群坐落在山谷盆地中，背依黃蓋峰，前屏萬歲山，左右亦環抱群山。圖左少林寺位於太室山與少室山之間，其周圍亦有峰峰相連的山巒環抱，少林寺周圍主要景點有繪有：立雪亭、二祖菴、達摩菴、甘露臺等（參小圖）。此外，還有嵩門、會善寺、崇福宮、豫章王墓等景觀，呈現此山人文薈萃之特色。

五嶽最險者爲華山，其險在於山脊高聳而狹窄，《集成·山川典》第 67 卷之「西嶽華山圖」（圖 3-2-4），此幅即見懸崖深谷，峭壁騰越而上，將華山之陡峭表露無遺。圖中山形四方如削鋸而成，由南峰、東峰、西峰、北峰、中峰（圖中玉女蜂）等五封環峙，高擎天空，遠望之若花狀，《水經注》引《山海經》云：

圖 3-2-4　《集成·山川典》西嶽華山圖

　　其高五千仞，削成而四方，遠而望之，又若華狀。〔註33〕
故得其名。常言「自古華山一條路」，主要指的是圖右下方青柯坪往主峰攀登
的險道，青柯坪是一處開闊的山谷臺地，攀登而上須經歷多處險境，有千尺
幢、百人峽等陡階，僅容足趾，登臨猶比上天難（參小圖）。最高處的華頂，
是由東、西、南三峰環抱之下的低平小谷地。其他如毛女洞、沙蘿坪、希夷
峽、夕月崖、仙掌等諸多景觀，悉盡繪出。

　　在魏源眼中「獨如飛」的南嶽衡山，係五嶽中唯一座位於長江以南者，
因山體豐滿，輪廓線條優美，植被覆蓋多，以秀麗而雄壯著稱（圖 3-2-5，卷
163「南嶽衡山圖」）。此圖繪示出崖石突兀騰峙，而峰巒披皴僅以幾刀帶過，
如同披上柔紗一般，頗有「東南地益卑，維嶽資柱石。前當祝融居，上拂朱
鳥翮。」〔註34〕之姿態。又雲煙沈降於山腰，泉瀑碧湧波騰，廟宇角樓高聳
懸空於山間，棧道飛架，梯疊如鱗，登上瞰臨則可見空闊之境。

圖 3-2-5　《集成‧山川典》南嶽衡山圖

〔註33〕參〔魏〕酈道元，《水經注‧渭水》，收於《叢書集成新編》第 40 冊，（臺北，
　　　　新文豐，1985）。（本文所引皆以此本為主）
〔註34〕參〔清〕聖祖，《全唐詩》，卷 355，劉禹錫〈望衡山〉。

綜觀此五圖，以東嶽泰山圖繪刻最爲詳盡，石碑、橋樓、洞門等四十餘處地理人文景觀，皆逐一列出。再者，爲中嶽嵩山圖，爲顯其幽奧，全幅呈現群山環繞，林海蕩漾之貌。而西嶽華山之險，觀圖即知，其山體四面如削，登山之路蜿蜒陡斜。另北嶽恆山圖與南嶽衡山圖，圖版中省略諸多該處所著稱的地理景觀甚至人文建築，亦無標示出任何景點，實屬可惜。

二、《集成‧山川典》中的五鎮圖版

五鎮是與五嶽相對應的名山。周代以後，取五方之主山爲五鎮，先有會稽山、沂山、醫巫閭山、霍山合稱四鎮，其後又有吳山納入。〔註35〕〔唐〕賈公彥對「鎮山」有一段注解，意即：職方九州各有鎮山，以其大者爲一州之鎮。〔註36〕歷代曾有封五嶽爲帝、五鎮爲王的制度，〔註37〕五嶽、五鎮地位之重要可見一斑。《集成‧山川典》對於五鎮的描刻，風格殊異，各有詳略。

清代帝王每年回東北祭祖，北鎮醫巫閭山是必經之地，常順路遊覽、祭祀。據《盛京通志‧疆域志‧山川考》記載：

> （醫巫閭山）掩抱六重，又名六山。下有北鎮廟，歷代帝王皆有封爵。明初，始尊爲北鎮醫巫閭山之神，國朝凡遇大典，遣官祭告如儀。廟東北有仙人巖，孤石峭拔，上鐫呂仙像，又名呂公巖。廟西有翠雲屏，一石方廣丈餘……。又有桃花洞、飛瀑巖，懸泉下瀉，雖冬不冰。構觀音閣臨之，其麓屹立，兩石如門，煙霧出壑，縈繞重巒，名勝莫可殫述。〔註38〕

〔註35〕五鎮一詞最早見諸《周禮‧職方氏》：載「九州之鎮山，在冀曰霍，名於後世不可移。」又《宋史‧嶽瀆》記載：「立春日祀東鎮沂山於沂州，立夏日祀南鎮會稽山於越州，立秋日祀西鎮吳山於隴州，立冬祀北鎮醫巫閭山於定州，北鎮就北嶽廟望祭，土王日祀中鎮霍山于晉州。」

〔註36〕參〔漢〕鄭玄，《周禮注疏》，卷33。

〔註37〕〔五代〕劉昫等，《舊唐書‧禮儀志四》記載天寶十年（751）派員祭祀，才有公封，賜封沂山東安公，會稽山永興公，吳山成德公，霍山應靈公，醫巫閭山廣寧公。到宋代又開始封五嶽爲帝，五鎮爲王。如《宋史‧禮儀志五》記述元封八年（1085），東鎮沂山封東安王，西鎮吳山封成德王，南鎮會稽山封永濟王，北鎮醫巫閭山封廣寧王，中鎮霍山封應靈王。五鎮與五嶽相應，地位在國家祀典上是僅次於五嶽，相當於五嶽的副官，歷代帝王在封禪、祭五嶽的同時，也往往派大臣赴五鎮祭祀。

〔註38〕參〔清〕王河等，《欽定盛京通志》，收於《中國邊疆叢書》第1輯第1冊，（臺

此段文字頗能詳實描寫出《集成‧山川典》第9卷之「北鎮醫巫閭山圖」（圖3-2-6）。該山「掩抱六重」，參照圖中山嶺連綿回環，峰巒似遮如抱，甚為奇特。圖版除繪有河道、都城等輿圖常用的圖示外，還有諸多地點的標示，如廣寧縣、古城山、桃花洞、牽馬嶺、千家寨等。而廟宇多就崖而築，倚巖作基，如琉璃寺、八角寺、靈山寺等，圖右側山腳則有東嶽廟、玉皇廟、地藏廟，其中以左下方坐落於山腳下的北鎮廟最具盛名。

圖3-2-6　　《集成‧山川典》北鎮醫巫閭山圖

　　《集成‧山川典》第27卷之「東鎮沂山圖」（圖3-2-7），圖版正中央山麓坐落著佔地面積廣大的東鎮廟，廟內有著名的碑林群，〔註39〕廟周圍松林密布。溪水繞山流注，山徑峰迴路轉。山巔法雲寺右側有百丈崖瀑布，寺之下方山壁有一石佛坐相（參小圖），據〈沂山部‧考〉所收錄之《東鎮述遺記札》載：

北，文海，1965），頁540。

〔註39〕東鎮廟中的碑林群，碑碣約有三百餘幢，御碑有十多幢。如漢武帝的祭告沂山碑、清康熙的祭告東鎮碑等。這些碑文不但記載歷代朝廷官府對沂山的昭封祭告膜拜祀事，還刻記了風雨不調、乾旱洪濫等自然災害和國家變革，並歌頌東鎮沂山秀麗絕佳的風光。

（唐）文宗開成間（836～840），東泰景致，可謂古來極盛。百里雄山秀水、萬頃叢林花木間，經營繁華棋布……。它如崖壁佛龕，諸小營造，繁不勝計。其位巧涓，境幽相適，天工人作渾一，景美色麗。

此石佛概是表示「崖壁佛龕」之遺跡。

再觀察《集成‧山川典》第40卷之「中鎮霍山圖」（圖3-2-8），圖中山勢左低右高，絕壁萬丈，垂聳插天。最高處爲觀堆峰，形勢突兀，按《山西通志‧山川》云：

圖3-2-7　《集成‧山川典》東鎮沂山圖

（霍山）其東有峰上圓，名觀堆峰，其山極高峻，形勢巍然，迴出雲霄。〔註40〕

〔註40〕轉引自《集成‧霍山部‧考》下所錄之《山西通志‧山川》。

峰下巖壁則若斧劈而下，寺廟橫空座落於山間，尤其中鎮廟上載危崖，下臨絕谷，另有興唐寺與廣勝寺等古剎。

圖 3-2-8　《集成‧山川典》中鎮霍山圖

《集成‧山川典》第 105 卷之「西鎮吳山圖」（圖 3-2-9），圖中五峰挺拔，如錦屏峙列，峰巒的褶皺節理細密似牛毛。圖左至右分別標示會仙峰、靈應峰、鎮西峰、大賢峰、望輦峰。大賢峰下的筆架山，形勢迴旋，宛如筆架，下方重林蔽谷中，坐落著吳山廟，其他還有道院、珍珠娘娘廟、三女墳等景觀。吳山諸峰崢嶸排空的氣勢，另有《圖書編》云：

　　吳山之峰，秀出雲霄，山頂相軒，望之常有海勢。〔註41〕

《水經注》亦稱：

　　（吳山）三峰霞舉，疊秀雲天，崩巒傾返，山頂相捍，望之恒有落
　　勢。〔註42〕

〔註41〕〔明〕章潢，《圖書編》，卷 62，（臺北，成文，1971）。（本文所引皆以此本為
　　　　主）

〔註42〕參〔魏〕酈道元，《水經注‧渭水》。

圖 3-2-9　《集成‧山川典》西鎮吳山圖

　　南鎮會稽山位於南方的浙江紹興，湖光水色之姿，有別於其他四鎮的高
聳挺拔，觀《集成‧山川典》第 112 卷之「南鎮會稽山圖」（圖 3-2-10），山勢
柔和，群山逶迤，林樹蔽虧，圖下方湖岸線曲折優美，溪石參差。〔唐〕李白
即有詩句描寫此山之景：

　　　　聞道稽山去，偏宜謝客才。千巖泉灑落，萬壑樹縈迴。東海橫秦望，
　　　　西陵遶越臺。湖清雙鏡曉，濤白雪山來。〔註43〕

而據〈會稽山部‧彙考一〉云：「山西北五里爲禹陵，山之陰爲南鎮廟」，圖
左下方有一類似陵廟的建築群，因無明確標示，是禹陵抑或南鎮廟便無從得
知了。

〔註43〕參〔清〕聖祖，《全唐詩》，卷 175，李白〈送友人尋越中山水〉（節錄）。

圖3-2-10　《集成‧山川典》南鎮會稽山圖

圖山稽會

綜觀五鎮圖版，以北鎮醫巫閭山繪刻最爲詳盡。筆者認爲因其地處滿清發源地之盛京，故對於此圖描繪特爲細膩。而東鎮沂山圖、中鎮霍山圖與西鎮吳山圖，其圖版中央正坐落著東鎮廟、中鎮廟與吳山廟，其餘地點偶有標示，但仍無北鎮醫巫閭山之詳細。最末，南鎮會稽山則以層巒疊嶂與湖岸風光取勝。

三、《集成‧山川典》中的宗教名山圖版

中國自古以來對山嶽的崇拜，以及佛道教因修身養性之需等因素，修行者經常篳路藍縷，隱居山林名勝處，甚至建立寺院。日久異聞傳說與宗教淨土結合了，其煙嵐繚繞、雲海環抱的山色絕景，便使高山壟罩一層神秘氣習。而隨著踩踏人群漸增，寺廟道觀的功能，已由單純的宗教活動場所，擴展爲旅遊勝地，宗教名山遂成爲中國文化景觀中的特色，山寺合爲大觀。除前文所述五嶽、五鎮外，人稱「峨嵋天下秀」、「青城天下幽」兩座佛道教名山，俱負盛名。而五臺山平坦的峰頂，北朝人將其比附爲神仙處的仙台，武當山則是道家敬奉「玄天眞武大帝」的發祥地，取其「非眞武不足以當之」之意。

其他又如：普陀山、九華山、茅山、青城山、龍虎山、終南山、崆峒山、白
嶽山等，皆是著名的宗教文化勝地，在《集成‧山川典》中亦有收錄，以下
試將宗教名山圖版作一介紹。

　　《集成‧山川典》第 31 卷之「五臺山圖」（圖 3-2-11），爲一幅地形全貌
圖，將輿圖繪製的元素融入圖版中。山徑、河道、州縣界、關口、寺宇、岩
谷等盡悉標示。如圖上方標有代州、雁門關、繁峙縣、沙澗驛，還有發源於
泰戲山的滹沱河流域經過；下方標則有五臺縣、龍泉關。此山因爲有五座高
聳如平臺的山巒環圍而成，故稱五臺。〈五臺山部‧彙考〉云：

　　　　五峰高入雲表，頂皆積土，故謂之臺，夏皆積冰雪，故又名清涼山。
圖中詳標出東臺（望海峰）、北臺（北斗峰）、中臺（翠岩峰）、西臺（掛月峰）、
南臺（錦繡峰）等五臺，猶如五根擎天巨柱，巍然矗立。此山爲佛教聖地，
圖中寺廟櫛比鱗次，佛塔摩天，殿宇巍峨，除標示十五處佛寺外，清涼寺旁
的清涼石、清涼泉、古清涼、清涼橋等皆逐一標出。其他如獅子窩、金閣嶺、
澡浴池、菩薩頂、金剛窟、棲賢谷、觀音屏、鐵舖村等十餘處地點也逐悉標
出，繁密而醒目。

圖 3-2-11　《集成‧山川典》五臺山圖

《集成・山川典》第 91 卷之「九華山圖」（圖 3-2-12）。按《太平御覽・江東諸山・九華山錄》曰：

此山奇秀，高出雲表。峰巒異狀，其數有九，故號九子山焉。李白因遊江漢，睹其山秀異，遂更號曰九華山。〔註 44〕

此山於唐以前稱九子峰，後因李白有詩讚道：

昔在九江上，遙望九華峰。天河掛綠水，秀出九芙蓉。〔註 45〕

因而改稱九華山。圖中央最高處，山體橫立，群峰疊起，形似天廓間有一花萼拖著數片細長花瓣，應即是李白形容的「九芙蓉」。山徑沿谷壑而開，曲折隱現，沿途有亭臺與廟殿。此幅增添山水畫平瞰之概念，與前者「五臺山圖」相較，有截然不同的構圖手法。

圖 3-2-12　《集成・山川典》九華山圖

〔註 44〕參〔宋〕李昉等，《太平御覽》，卷 46，收於《四部叢刊三編》子部，（臺北，臺灣商務，1968），頁 349。

〔註 45〕參〔清〕聖祖，《全唐詩》，卷 169，李白〈望九華贈青陽韋仲堪〉一首，以及卷 788，李白等三人所賦〈改九子山爲九華山聯句・並序〉：「妙有分二氣，靈山開九華。（李白）層標遏遲日，半壁明朝霞。（高霽）積雪曜陰壑，飛流貫欠陽崖。（韋權輿）青瑩玉樹色，縹緲羽人家。（李白）」。

　　《集成‧山川典》第 117 卷之「普陀山圖」（圖 3-2-13），據〈普陀山部‧彙考〉云：

> 普陀山，舊名梅岑山。漢梅福煉丹於此，故名。其名普陀，又稱補
> 陀洛迦，蓋梵語也。……諸峰東盡鼓磊，西盡大小風洞嘴，南盡道
> 頭楊梅跳，北盡伏龍山，實海中之巨障也。

圖中白浪環繞普陀山，山下浪擊危崖，礁石嶙峋，巉岩高聳，形成起伏迭宕的海岸線。全幅海天壯闊、山林深邃，古刹寶塔群林立。而浪濤穿擊岸邊洞谷之景象，乃普陀奇觀之古洞潮音。〈普陀山部‧考〉中有一段對潮音洞的描述：

> 從崖至洞腳，高二十餘丈，岐處如門，透上虛中，宜若漏屋。當潮水
> 遇風狂號，駛奔陡崩，復起聳入洞中。則鏗鞫鏜磕聲，若轟雷震動。

將潮音洞奇景與海潮入洞之聲勢，敘述的極爲生動。

圖 3-2-13　《集成‧山川典》普陀山圖

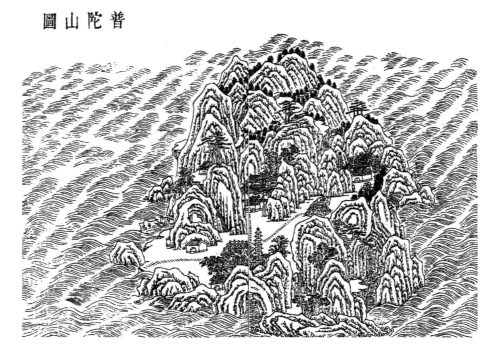

　　《集成‧山川典》第 173 卷之「峨眉山圖」（圖 3-2-14），參《水經注》載：

> 去成都千里，秋日澄清，望見兩山相對如蛾眉焉。〔註46〕

〔註46〕參〔魏〕酈道元，《水經注‧青衣水》。

而《峨嵋山志》引舊《郡志》亦云:

> 雲鬟凝翠,鬢黛遙妝,眞如螓首蛾眉,細而長,美而艷也。〔註47〕

喻大峨、二峨兩山相對,猶如美女一對修長蛾眉,此山因而得名。圖中巍巍高峰,崖懸四矗,寺頂與樹叢間籠罩著雲煙,諸多佛殿坐落於山嶺之中。

圖 3-2-14　　《集成‧山川典》峨眉山圖

上述諸山爲著名的佛教名山,中國佛教名山遍佈全國各地,山林清幽寂靜處,便有僧蹤佛影,寺院香烟,故有詩句吟道:「可惜湖山天下好,十分風景屬僧家。」〔註48〕而道教所認爲的洞天福地,乃神仙所居住的名山勝境,以下亦試舉幾座《集成‧山川典》中夙負盛名的道教名山。

《集成‧山川典》第 65 卷之「終南山圖」(圖 3-2-15),今節錄《三才圖會》「終南山」一篇的描述:

〔註47〕參〔清〕蔣超,《峨嵋山志》,收於《續修四庫全書》史部第 726 冊,(上海,上海古籍,1995),頁 41。

〔註48〕參〔宋〕趙抃〈次韻范師道龍圖三首〉,收於傅璇琮,《全宋詩》第 6 冊,(北京,北京大學,1998),頁 4219。

至終南山，入普光寺，寺在山之麓，道益峻險，躡亂石，冒懸崖，
屈曲而上。……有八仙洞在山之西壁，限以流泉，非跣足不得入。

又上有石巖若老嫗，憑巖而休，左有圓石
明可鑒物，謂之石鏡。再上則徵源池也，
池一名太乙湫，其上環以群山，雄偉秀
特，……其南即太一殿，殿左有三官、雷
神二洞。……又從別道至興教寺，內有三
塔，其中塔特高大。〔註49〕

圖右側山麓即有普光寺、八仙洞，其上有山
間湖泊太一湫，右側繪一石鏡，湖之四周高
峰環列。左側雲海繚繞半遮掩著興教寺三
塔，另有牛頭寺藏幽林間（參小圖）。

圖 3-2-15 《集成・山川典》終南山圖

圖山南終

〔註49〕參〔明〕王圻，《三才圖會》，地理卷8，「終南山」一篇。

《集成·山川典》第78卷之「崆峒山」（圖3-2-16），圖中岩石多呈現垂直節理狀，形成壁陡頂平，崖高峪深，奇峰異洞的奇險景觀。又植被豐茂，松木盤結於懸崖，琳宮梵剎遍築山間。崆峒山於平涼城北，是古長安西進北上的要衝，位於扼守西北之要塞；〔唐〕駱賓王〈邊城落日〉一首：

圖3-2-16　　《集成·山川典》崆峒山圖

紫塞流沙北，黃圖灞水東。一朝辭俎豆，萬里逐沙蓬。河流控積石，山路遠崆峒。君恩如可報？龍劍有雌雄。〔註50〕

道出關隘險要、易守難攻的軍事地形，圖版右側有兩處軍旗飄揚的堡壘，即應證此點。而圖版繪刻細膩之處，另可從左右兩處洞穴觀得，按《陝西通志·山川考》云：

〔註50〕參〔清〕聖祖，《全唐詩》，卷79。

有穴曰廣成洞，人跡罕到。其東巖有洞，曰包鶴，鶴出洞中飛鳴，
故名。〔註51〕

圖左下方即見一石室，有數位修行者盤坐其內，右側岩洞中則有繪有一頭黑鶴
（參小圖）。

《集成‧山川典》第83卷之「茅山圖」（圖3-2-17），據〈茅山部‧彙考〉
云：

> 群峰攢立，最著者有大中小茅三峰，相傳茅氏兄弟三人隱居飛昇地。
> 道家所謂金壇華陽大洞天是也。

圖 3-2-17　　《集成‧山川典》茅山圖

圖中雲霧如紗，橫覆於山間，使峰巒隱現。又道觀林立，溪澗流貫，飛鳥舞
空，頗有〔唐〕杜荀鶴〈遊茅山〉一首之意境：

> 步步入山門，仙家鳥徑分。漁樵不到處，麋鹿自成群。石面迸出水，
> 松頭穿破雲。道人星月下，相次禮茅君。〔註52〕

《集成‧山川典》第89卷之「白嶽山圖」（圖3-2-18），此山又名齊雲巖，

〔註51〕轉引自《集成‧崆峒山部‧考》下所錄之《陝西通志‧山川考》。
〔註52〕參〔清〕聖祖，《全唐詩》，卷691。

參〈白嶽山部‧彙考〉云：「西北有巖名齊雲巖……絕壁斷崖，松蘿森蔚。」
又按《明一統志》指：

> （白嶽山）中峰獨聳，傍有懸崖，小徑可憑，而上絕頂有池，池西
> 有石室，學仙者多居之。其東北又有五綵石壁，狀若樓臺，有飛動
> 之勢。〔註53〕

圖 3-2-18　　《集成‧山川典》白嶽山圖

概爲此幅之寫照。全幅山石紋路捲曲，有狀如流雲，有短密如毛，圖左側巖
下開一口瀑布，形似一幅素帛飄飛而下。

　　《集成‧山川典》第 147 卷之「龍虎山圖」（圖 3-2-19），據〈龍虎山部‧
彙考〉云：「兩峰特起，狀如龍虎相峙。」參照圖版，怪石棋布，與茂密的植
被起伏夾雜。雖未將山之全貌收入，但山巒起伏貌，有逶迤蜿蜒之勢；如巨
龍蟠騰，又有猛虎飛躍峻拔拱衛之姿。

〔註53〕參〔明〕李賢等，《明一統志》，卷 16，收於《景印文淵閣四庫全書》史部第
　　　230 冊，（臺北，臺灣商務，1986），頁 371。

圖 3-2-19 《集成‧山川典》龍虎山圖

圖 山 虎 龍

　　《集成‧山川典》第 155 卷之「武當山圖」（圖 3-2-20），此處最著名的人文景觀爲明成祖朱棣的建設，〔註 54〕構圖者即將此特點發揮。圖版中宮觀道院因山就勢，分布在山麓到山頂兩側，形成「五里一庵十里宮，丹牆翠瓦望玲瓏」的富麗規模。〔註 55〕按《太和山志‧形勝考》：

　　峰頂東西長七尺，南北閣九尺。四圍皆石脊，如金銀之色。……砌

　　石爲殿，安奉元帝聖容。怪松數株，盤桓如龍蛇之狀。……元時，

　　有銅殿一，明永樂朝（1403～1424）以規制。弗稱乃撤，置於小蓮

　　峰，改冶銅殿，飾以黃金範，元帝金像於內殿。左右益以飛棧，爲

〔註 54〕 明朝帝王崇尚道教，成祖朱棣（1360～1426）爲鞏固政治統治而借助於武當山的玄武大帝，於永樂十年（1412）命工部侍郎郭璉、隆平侯張信等率三十萬眾進駐武當山，以十四年之功，興建武當宮殿，形成 9 宮 8 觀、30 庵堂、72 巖廟、39 座橋樑的巨大工程，構成龐大的道教建築群。每一建築都構建在峰、巒、坡、崖的合適位置上，借自然風景的雄偉清麗或奇峭幽壑，構成仙山瓊閣的意境，創造了自然與人文高度融合的優美景觀。

〔註 55〕 〔明〕洪翼聖〈武當山道中雜詠〉云：「五里一庵十里宮，丹牆翠瓦望玲瓏。樓臺隱映金銀氣，林岫回環畫鏡中。」收於《故宮珍本叢刊》第 261 冊，（海口，海南出版社，2001），頁 417。

更衣二小室。殿外爲臺，臺外爲檻，
檻外爲紫金城，城闢東、西、南、北
天門。以象天闕，儼然上界五城十二
樓也。〔註56〕

圖中可見山頂宮殿，宏偉的八字牆把宮
門、配殿、廊廡圍的十分嚴實（參小圖）。

圖 3-2-20　　《集成‧山川典》武當山圖

《集成‧山川典》第 172 卷之「青城山圖」（圖 3-2-21），圖中諸峰環繞，
狀若城廓，山如翠浪褶皺明顯。又深谷間，有高木遮天，宮觀亭閣則掩映於
林谷中，帶有山水畫的景深法。

〔註56〕此段爲《集成‧武當山部‧考》所引，可參〔明〕任自垣，《敕建大嶽太和山
　　　　志》，頁 84；及〔明〕凌雲翼修、盧重華編，《大嶽太和山志》，頁 246。二書
　　　　皆收於《明代武當山志二種》，（武漢，湖北人民，1999）。

圖 3-2-21　　《集成‧山川典》青城山圖

圖 山 城 靑

宗教名山上有寺院宮觀、古塔石窟等多樣建築，除了神異肅穆的氣息令人嚮往瞻仰之外，其光輝燦爛而又氣魄雄壯之景象，亦讓人傳頌久遠。上述圖版有五臺山圖中，繁密的佛寺建築群；也有白嶽山圖中僅以一座宏偉宮廟作爲代表。有終南山圖中，雲霧裊裊間的興教寺三塔鼎立；也有普陀山圖中，海天之際的寶塔。有武當山圖中，雄大的山頂宮殿；也有崆峒山圖中，藏幽林壑間的數十座道觀。還有以山之形貌描繪爲主的，如山峰秀如蓮花的九華山圖；以及山巒起伏形似龍騰虎踞的龍虎山圖。而這些巍峨深幽的宗教名山，除前述之外，還有天臺山、雞足山、廬山、雪竇山等，因圖版內容另具其他特色，故將另闢章節納入說明。

第三節　《集成‧山川典》故事、人物之插圖

《集成‧山川典》之山水插圖，除了單純描繪山嶽形貌外，還有將故事性的素材擇取具代表性者納入圖版，讓覽圖者藉助自我想像力，來解讀版畫中所蘊含的故事背景。其取材的內容虛實相生，有該地點曾經歷的戰況或遺

存的戰爭史跡；有流傳已久的神話軼聞；有知名文學作品的描繪等。《集成‧山川典》的繪圖者，匠心獨運地將故事特點或情節人物於作品中添綴而出，甚至以與景物不成比例的大型人物、岩石景觀或建築遺跡呈現。諸多圖版展現出欣賞山水版畫的別致之趣，以下試將此類插圖做一分述。

一、《集成‧山川典》與戰事有關的圖版

關於《集成‧山川典》描繪與戰事有關的插圖，年代最早者，發生在春秋時期的齊、晉兩國，圖版為第 23 卷山東濟南的「華不注山圖」（圖 3-3-1）。據〈華不注山部‧彙考〉云：「山下有華泉，以其形如華跗之注於水。」稱「華不注」乃因其形狀如未開的蓮花花萼而得名。此圖右側山體面積比例不大，拔地而起，旁無連附，形態孤高，下方流淌著華泉。圖中生動繪出

圖 3-3-1　《集成‧山川典》華不注山圖

城外有兩人騎馬奔逐，下方另兩人推車行於華泉岸邊（參小圖），應是據齊頃公「三周華不注」之事跡所繪。其事參《左傳‧成公二年》載：

> 癸酉，師陳于鞌。……齊師敗績，逐之，三周華不注。……逢丑父與公（齊頃公）易位，將及華泉，驂絓于木而止。……丑父使公下，如華泉取飲。鄭周父御佐車，宛茷爲右，載齊侯以免。韓厥獻丑父，郤獻子將戮之。呼曰：「自今無有代其君任患者，有一於此，將爲戮矣」。郤子曰：「人不難以死免其君，我戮之，不祥。赦之，以勸事君者。」乃免之。

成公二年（前 589），齊、晉兩國交戰於濟南，齊國失利，齊頃公乘戰車奔逃，而晉兵在後追趕。齊頃公繞了華不注山三圈後，同車陪侍的齊大夫逢丑父，

逐與齊頃公更衣換位，並佯使其到華泉邊取水。晉兵將逢丑父誤爲齊頃公而活捉，而齊頃公得借取水之機逃遁回國。

同樣是描繪用計設謀的故事，如《集成‧山川典》第 77 卷「金牛峽圖」（圖 3-3-2），據〈金牛峽部‧彙考〉云：

圖 3-3-2　　《集成‧山川典》金牛峽圖

> 山石高峻，峰巒連接，中分一道，勢同斧劈，自古稱蜀道最險，莫
> 此爲甚。

觀察此圖，石階由平緩漸趨陡窄，最終沒入峽谷中，更顯得深險莫測。圖繪五座石牛臥於峽谷入口處，每頭石牛所坐朝的方向不一，有的豎眼直瞪、有的闔眼休息、有的慵懶側臥，生動有趣（參小圖）。《蜀王本記》曰：

> 秦惠王欲伐蜀，乃刻五石牛，置金其後。蜀人見之，以爲牛能大便
> 金。牛下有養辛，以爲此天牛也，能便金。蜀王以爲然，即發卒千
> 人，使五丁力士拖牛成道，致三枚于成郭。秦道得通，石牛之力也。
> 後遣丞相張儀等將兵隨石牛道伐蜀焉。〔註57〕

《三才圖會》「金牛峽」一篇亦云：

> 秦惠王謀伐蜀，患山險隘，乃作五石牛置金尾下，詭言能糞金，欲
> 以遺蜀王，王負力而貪，令五丁力士開山引之，秦因遣張儀、司馬
> 錯引兵滅蜀。〔註58〕

此「石牛糞金，五丁開道」的史事，乃因金牛峽地勢險絕，秦國利用石牛糞金之詭策及蜀王的貪念，最終吞滅蜀國。

在膾炙人口的《三國演義》中，周瑜施計欲討荊州，卻導致「賠了夫人又折兵」的結果，〔註59〕正是發生在北固山。《集成・山川典》第100卷「北固山圖」（圖3-3-3）中，有多處與三國傳說相關之遺跡，乃繪圖者爲附會《三國演義》之情節而添造。故事起因爲蜀漢借東吳荊州後，無意歸還，周瑜於是獻策美人計，企圖乘劉備過江聯姻時，扣爲人質。此計爲諸葛亮識破，遂將計就計，不但促成佳偶又使周瑜折損兵力。

圖中甘露寺高踞峰顛，即爲《三國演義》中喬國老及吳國太接見劉備之處。而甘露寺右側有一塊形似跪伏之羊，前頂無角的石頭，旁標注「狠石」二字，相傳爲劉備與孫權之試劍石（參小圖）。〔註60〕又圖左方岸邊有六臺炮座，砲口

〔註57〕 〔宋〕李昉等，《太平御覽》，卷305，〈兵部・征伐〉引〈蜀王本紀〉。收於《四部叢刊三編》子部，（臺北，臺灣商務，1968），頁1531。

〔註58〕 〔明〕王圻，《三才圖會》，地理卷8，「金牛峽」一篇。

〔註59〕 「周郎妙計安天下，賠了夫人又折兵」之出處，可參〔明〕羅貫中，《三國演義》，第55回，（臺北，河洛，1980）。（本文所引皆以此本爲主）

〔註60〕 參〔明〕羅貫中，《三國演義》，第54回：「玄德更衣出殿前，見庭下有一石塊。玄德拔從者所佩之劍，……砍石爲兩段。孫權在後面看見，問曰：『玄德公如何恨此石？』玄德曰：『備年近五旬，不能爲國家剿除賊黨，心常自恨。今蒙國太招爲女婿，此平生之際遇也。恰才問天買卦，如破曹興漢，砍斷此

皆朝向江面。視線移至江邊，可見數艘戰船停靠，乃劉備攜孫夫人逃出城時，諸葛亮派船前來接應，後有周瑜暗兵追殺之景況，據《三國演義》對此場景之敘述：

周瑜恐玄德走脫，先使徐盛、丁奉引三千軍馬於衝要之處紮營等候，時常令人登高遙望，料得玄德若投旱路，必經此道而過。當日徐盛、丁奉瞭望得玄德一行人到，各綽兵器截住去路。〔註61〕

圖 3-3-3 　《集成・山川典》北固山圖

又江上篷舟數十艘，此景象同樣是根據《三國演義》內容所繪：

石。今果然如此。』權暗思：『劉備莫非用此言瞞我？』亦掣劍謂玄德曰：『吾亦問天買卦。若破得曹賊，亦斷此石。』卻暗暗祝告曰：『若再取得荊州，興旺東吳，砍石爲兩半！』手起劍落，巨石亦開。至今有十字紋恨石尚存。」

〔註61〕 參〔明〕羅貫中，《三國演義》，第55回，「玄德智激孫夫人，孔明二氣周公瑾」。

正慌急間，忽見江岸邊一字兒拋著拖篷船二十餘隻。趙雲曰：「天幸
有船在此！何不速下，棹過對岸，再作區處！」玄德與孫夫人便奔
上船。

　　　　　　　　　　而表現戰況驚險的圖版，則屬《集
成‧山川典》第 92 卷「采石山圖」（圖
3-3-4）。據〈采石山部‧彙考〉云：
山扼江險要，南北必爭之地，明常
遇春破陳友諒爭先立功破敵之采石
磯。

圖 3-3-4　　《集成‧山川典》采石山圖

道出明朝勇將常遇春「采石磯渡江戰役」之險象。此役見《明史》所載：
　　時將士妻子輜重皆在和州，元中丞蠻子海牙復以舟師襲據采石，道
　　中梗。太祖自將攻之，遣遇春多張疑兵分敵勢。戰既合，遇春操輕
　　舸，沖海牙舟為二。左右縱擊，大敗之，盡得其舟。〔註62〕

〔註62〕參〔清〕張廷玉等，《明史》〈常遇春傳〉。

元至正十五年（1355），朱元璋率軍渡江南下，在采石磯渡江一役中，勇將常遇春乘一小船在激流中冒著亂箭揮戈勇進，縱身登岸，衝入敵陣，左右突圍，如入無人之境；朱元璋即趁此揮兵登岸，元軍紛紛潰退。此圖版在波濤的江浪中繪一戰船，船上數人分持盾牌與刀劍狀武器，一側有走舸載浮，概描繪此一戰事（參小圖）。

　　上述描繪戰事相關的圖版中，皆能以細緻的筆觸刻畫戰爭扣人心弦的情節，以華不注山圖為例，全幅除將華不注山之地勢與山形確實展現外，追趕與遁逃的兩組人物所佔圖版比例雖小，但對比鮮明，十足諧趣。而金牛峽峽口中的五頭石牛，各展姿態，不禁遙想是時秦國訛傳的石牛糞金，其所造之景應是相當逼真的。在北固山上的三國事蹟，圖版中雖無主要人物出場，但狠石遺跡與火砲戰船的繪入，亦表現出三國故事中詭計百出的精采情節。采石山圖中，激流中僅繪大小兩艘船，突顯常遇春以少搏多的勇猛姿態。

二、《集成・山川典》中仙道傳說之圖版

　　中國的深山穹谷間，因人跡罕至，地形特殊，加上時有煙嵐雲岫的現象，常傳有神異怪誕的仙道奇聞，《集成・山川典》亦將部分名山所流傳的神話人物，躍於紙上。最早有中國遠古時期的神話人物，如《集成・山川典》第 52 卷之「具茨山圖」（圖 3-3-5）內容。〈具茨山部・彙考〉云：

　　　　具茨即大隗也。世傳黃帝登此山，受神芝圖於黃蓋童子。其事近荒
　　　　渺，然按《山海經》及《水經注》與各注書言具茨者多引此為證，
　　　　似未可盡非。〔註63〕

此事據《水經注》載：

　　　　大隗即具茨山也。黃帝登具茨之山，升於洪堤之上，受《神芝圖》
　　　　於華蓋童子，即是山也。〔註64〕

參照圖右側山崖邊，其中一人頭戴旒冕，冠的前後垂有絲繩串成的玉穗，其後有隨從一人執障扇，一人手捧長卷物，可見此人身分尊貴。圖中戴旒冕者將一幅靈芝圖授予一童子（參小圖），應即是〈彙考〉所指黃帝受神芝圖一事。

〔註63〕參〔晉〕葛洪，《抱朴子・內篇》，（臺北，中國子學名著集成編印基金會，1978），
　　　　頁 368～369。卷 18 載：「黃帝東到青丘，過風山，……，上具茨，見大隗君、
　　　　黃蓋童子，受神芝圖，還陟王室，得神丹金訣記。」
〔註64〕參〔魏〕酈道元，《水經注・潩水》。

東周時期周靈王的長子太子晉因遭到
廢黜，人們悲其不幸，而編造太子晉於緱山
乘鶴升仙之說。〔註65〕（《集成・山川典》
第63卷「緱山圖」圖3-3-6）〈緱山部・彙考〉
稱：

圖 3-3-5　《集成・山川典》具茨山圖

〔註65〕據〔周〕左丘明《國語・周語下》載：「靈王二十二年，穀、洛斗，將毀王宮。
　　　　王欲壅之，太子晉諫曰：『不可。晉聞古之長民者，不墮山，不崇藪，不防川，
　　　　不竇澤。……古之聖王唯此之慎。』王卒壅之。及景王多寵人，亂于是乎始
　　　　生。景王崩，王室大亂。及定王，王室遂卑。」太子晉以爲堵水雖可保護王
　　　　宮，卻會令人民遭受災害，因而勸阻此事，並諫以治國之道，靈王怒而廢黜
　　　　太子。人們悲太子之不幸，遂編造出各種傳說，言其升仙去之事。收於《四
　　　　部備要》史部第282冊，（臺北，臺灣中華，1965）。

《列仙傳》有云：「周靈王太子晉好吹笙，後登緱山駕鶴而去。」其說似近荒誕，但歷代相傳既久。而今河南登封縣緱山，又明有昇仙遺蹟，故特考之，以備好異者之採擇云。

今引《列仙傳》之說：

王子喬者，周靈王太子晉也。好吹笙，作鳳鳴。游伊、洛之間，道人浮丘公接以上嵩高山。三十餘年後，求之於山上，見桓良曰：「告我家，七月七日待我於緱氏山頭。」至時，果乘白鶴駐山頭，望之不得到，舉手謝時人，數日而去。

〔註66〕

圖 3-3-6　　《集成‧山川典》緱山圖

圖中山崖邊雲霧繚繞，太子晉於崖上乘白鶴升上天際，拱手與送行的家人作別（參小圖），只見山頭邊十餘人引領而望，與其揮別。其中一站立者，身後隨行侍者五位，有執障扇者，有撐持華蓋者，概是周靈王率皇親前來送行。因有太

〔註66〕　參〔漢〕劉向《列仙傳》，卷上〈王子喬〉，收於《叢書集成新編》第100冊，（臺北，新文豐，1985），頁272。

子晉在緱山之巔駕鶴升仙之說，故後人論緱山便多與太子晉駕鶴升仙聯想。

爛柯山之名的由來，乃因此山曾流傳西晉王質觀棋而斧柄朽爛的故事。參《集成・山川典》第129卷「爛柯山圖」（圖3-3-7），據〈爛柯山部・彙考〉題「晉樵者王質觀奕爛柯之石室」的敘述：

圖 3-3-7　《集成・山川典》爛柯山圖

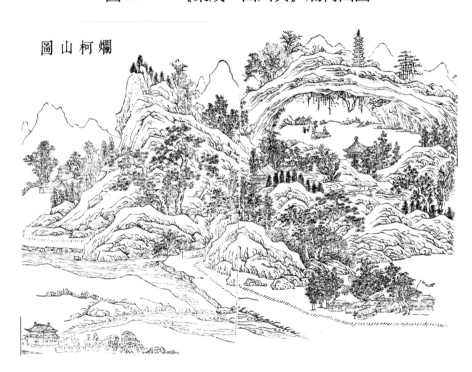

王質爛柯一事，或謂聽琴而然，或謂觀奕而然，總之近於荒誕。但其山在今浙江衢州府城南二十里遠，道書謂爲青霞洞天，爛柯福地，自當是宇內勝區也。其山上有石室，又名石室山，又名石橋山。

圖版右上方橫亙著一條巨大的石樑，石樑似是凌空而起，其下巖穴開豁，石室內平坦而寬敞。洞中有兩人盤坐對奕，一樵夫將柴木置於身後，佇立於棋

桌旁觀棋（參小圖）。〈彙考〉云：「或謂聽琴而然，或謂觀奕而然」，〔註67〕
此圖應是據〔南朝〕任昉《述異記》所云觀奕一事，敘述如下：

信安郡有石室山，晉時王質伐木，至，見
童子數人棋而歌，質因聽之，童子以一物
與質含之，不覺饑。俄頃，童子謂曰：「何
不去？」質起視，斧柯爛盡，既歸，無復
時人。〔註68〕

另有在金華山的道家傳說，即皇初平
叱石成羊的故事。《集成·山川典》第 127
卷「金華山圖」（圖 3-3-8），參〈金華山部·

圖 3-3-8　《集成·山川典》金華山圖

〔註67〕 舊籍關於此本事的描述，「觀奕」、「聽琴」俱載。《水經注》即以王質石室聽
琴。參〔魏〕酈道元，《水經注·浙江水》：「信安縣有懸室坂，晉中朝時，有
民王質，伐木至石室中，見童子四人彈琴而歌，質因留，倚柯聽之。童子以
一物如棗核與質，質含之便不復饑。俄頃，童子曰：『其歸！』承聲而去，斧
柯漼然爛盡。既歸，質去家已數十年，親情凋落，無復向時比矣。」

〔註68〕 參〔南朝〕任昉，《述異記》，收於《叢書集成新編》第 82 冊，（臺北，新文
豐，1985），頁 35。

外編〉收錄《神仙傳》所載，節錄於下：

> 皇初平者，丹溪人也。年十五，家使牧羊。有道士見其良謹，便將
> 至金華山石室中，四十餘年，不復念家。其兄初起行山尋索初平，……
> 遂得相見。悲喜語畢，問初平：「羊何在？」……初平乃叱曰：「羊
> 起！」於是白石皆變爲羊數萬頭。〔註69〕

圖右下即有形似兩隻蹲俯狀的羊形石（參小圖），前方不遠處有兩道瀑布，迸

流而下匯爲一澗，左側有兩崖相對，溪流
折旋其中，有石橋橫跨其上。〔註70〕

上述圖版皆與該處所流傳之仙道異聞
有所切合，觀察《集成‧山川典》第 178
卷「七曲山圖」（圖3-3-9），亦有比例較大

圖 3-3-9　　《集成‧山川典》七曲山圖

圖 山 曲 七

〔註69〕參〔晉〕葛洪，《神仙傳》，卷1，收於《叢書集成新編》第100冊，（臺北，
新文豐，1985），頁289。

〔註70〕參〔明〕王懋德等，《金華府志‧山川考》：「飛瀑瀉出若玉虹，下飲注爲赤松
澗，即爲皇初平兄弟登仙處。」收於《中國史學叢書》第1冊，（臺北，學生，
1965），頁126。

的人物出現，繪圖者似乎強調著該人物與此山之關聯。參〈七曲山部・彙考〉
云：「山上有文昌祠，相傳歷代多著靈異云。」

據《明史》載：

> 梓潼帝君者，記云神，姓張，名亞子，居蜀七曲山，仕晉戰歿，人
> 爲立廟。唐宋屢封至英顯王，道家謂：帝命梓潼掌文昌府事及人間
> 祿籍，故元加號爲帝君。〔註71〕

張亞子即張育，東晉甯康二年（374）起義抗擊前秦苻堅時戰死，後人於七曲
山建祠紀念，後張育祠與同山之梓潼神亞子祠合稱。唐至元，累封至「梓潼
宏仁開化文昌帝君」，即今所稱文昌帝君。〔註72〕此圖一騎馬者頭戴笠帽，後
隨一童僕背負行囊（參小圖），與歷來張亞子七曲山傳說異聞皆不相符，不知
《集成》之繪圖者所據爲何。

　　上述仙道傳說的圖版各富趣味，將仙道傳說人物融入細膩的版刻線條
中，讓看圖者難以分辨圖版中是以人物爲主、抑以景觀爲主？其中具茨山圖
和緱山圖版面構圖與人物分佈最具匠心。蓋此二圖版不強調山色奇景，而是
以故事人物爲主軸。具茨山圖中的人物比例極大，黃帝與童子的形象鮮明，
所授圖卷中更隱約可見靈芝形貌。緱山圖之太子晉駕鶴升仙與家人揮別的畫
面，甚爲靈活。爛柯山圖以布局取勝，除山景與石室外，石洞中寫繪樵夫觀
棋，爛柯之名即不言而喻了。金華山中叱石成羊的傳說，僅以兩頭石羊象徵
皇初平的白石變羊群，以少概多的表現方式，極富想像空間。七曲山圖中雖
將人物比例放大，但參照該山部所收內容，並無法確認所繪何人何事，概是
繪圖者根據「相傳歷代多著靈異」之說，而想像出的張亞子形像。

三、《集成・山川典》其他具故事性之圖版

　　除了刻繪戰事史蹟及敷衍仙道傳說，《集成・山川典》的插圖亦將文學作
品與民間傳說等素材，轉化爲圖像。雖多屬穿鑿附會，但仍不得不讚嘆繪圖
者靈巧的構思。如《集成・山川典》第161卷「桃源山圖」一幅（圖3-3-10），
即繪出晉人陶淵明〈桃花源記〉所描寫的內容。據〈桃源山部・彙考〉題「晉
漁人遇秦避世之桃花源」，其後敘述：

> 桃源山在今湖廣常德府桃源縣南三十里山之西。南有洞，名桃源洞，

〔註71〕參〔清〕張廷玉等，《明史》，卷50。
〔註72〕元仁宗延祐三年（1316），敕封張亞子爲「輔元開化文昌司祿宏仁帝君」。

又名秦人洞。洞之北有溪，名桃花溪，又名桃花源，相傳即武陵桃
源也。晉漁人遇秦避世者於此。

故事出自陶淵明的〈桃花源記〉，茲節錄如下：

晉太元中（376～396），武陵人，捕魚為業，
緣溪行，忘路之遠近；忽逢桃花林，夾岸數
百步，中無雜樹，芳草鮮美，落英繽紛；漁
人甚異之。復前行，欲窮其林。林盡水源，
便得一山。山有小口，彷彿若有光，便舍船，
從口入。〔註73〕

圖左側見一漁舟泊於溪畔，漁人頭戴斗笠，手
持木槳，步入岸上洞口（參小圖）。即陶淵明
記文中所描繪的世俗漁人，無意間發現一塊世
外樂土的景況。

圖 3-3-10　　《集成‧山川典》桃源山圖

桃源山圖

〔註73〕參〔晉〕陶淵明〈桃花源記〉，收入《陶淵明集校箋》，（臺北，里仁，2007），
頁 465。

《集成‧山川典》第26卷「嶧山圖」（圖3-3-11），則有梁山伯與祝英台義結金蘭的愛情故事。〈嶧山部‧彙考〉云：

> 山無土壤積石相連，絡繹如絲，故名曰嶧。石洞最多，玲瓏通達，
> 土人謂之嶧孔。……（牙山、小丘山、唐口山）絡繹相銜，如貫珠，
> 若山之扈從。

說明此山之特色乃紛繁的石卵、岩塊，以及連綿不斷的山勢。觀察圖版可見卵石遍布山間，而右下方木橋上，繪一女子曳杖回望，身後不遠處的路上，

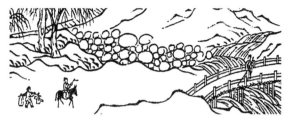

見一人騎馬（或驢），後隨一童僕擔負行囊（參小圖）。參考此圖版後的〈考〉有一段文字：

> 梁祝讀書洞，石上勒此五字，
> 俗傳梁山伯祝英台在此讀書。

圖3-3-11　《集成‧山川典》嶧山圖

又據《鄒縣志‧嶧山》載：

梁山伯祝英台墓，城西六十里吳橋地方，有碑。〔註74〕

可知此山曾有東晉梁山伯與祝英台之傳說。梁祝故事所發生的地點，歷來眾說紛紜，此景象概附會祝英台赴鄒城嶧山求學途中，過吳橋東遇梁山伯，二人偕赴嶧山授業之故事。

天目山因東、西峰頂各成一池，似雙眸仰望蒼穹而得名，然《集成‧山川典》第107卷「天目山圖」（圖3-3-12），並無著墨此奇景，而是特於圖版右下方添綴一人物。參〈天目山部‧考〉中的一段敘述：

圖3-3-12　《集成‧山川典》天目山圖

水緣山曲折，東西巨源若兩目，故曰天目。梁昭明太子分經此山，目瞽洗於泉，明一目後，歷西山，又以泉洗之，目悉開，故莊曰雙

〔註74〕參〔清〕婁一均修，周翼等纂，《鄒縣志》，收於《中國方志叢書》華北地方，第380號，（臺北，成文，1976），頁415。

清，山曰天目。

《圖書編》「天目山」一篇亦指：

昭明太子曾讀書於此，偶目疾痛甚，洗而復明。〔註75〕

南朝梁代昭明太子曾隱居於天目山太子庵，〔註76〕將《金剛經》分為三十二品，使其便於誦讀。相傳因用神過度，雙目遂瞎，後捧池中清水洗眼，雙眼復明。此圖下方有一道溪流，右側岸邊一人獨坐，腿上置一書卷，筆者推測為表現此一事件所繪。

《集成‧山川典》第64卷「香山圖」（圖3-3-13），則是將書畫作品中的畫面，再現於版畫。參〈香山部‧彙考〉題「唐白居易九

圖 3-3-13 　《集成‧山川典》香山圖

〔註75〕 參〔明〕章潢，《圖書編》，卷64「天目山」。

〔註76〕 蕭統（501～531），南朝梁代文學家，未繼位即去世，死後諡昭明，世稱昭明太子。生平事蹟見《梁書‧蕭統本傳》。

老會之香山」，其下敘述：

> 香山九老之會雖屬適然，然亦千載盛事，今其山在河南省河南府城
> 南三十里，山上猶有香山寺及白居易墓。

白居易晚年歸居香山，曾與八位耆老齊聚，爲紀念此一韻事，故繪「九老圖」
傳於世。據《新唐書‧白居易傳》：

> （居易）東都所居履道里，疏沼種樹，構石香山，鑿八節灘，自
> 號醉吟先生，爲之傳。……嘗與胡杲、吉旼、鄭據、劉眞、盧眞、
> 張渾、狄兼謨、盧貞燕集，皆高年不事者，人慕之，繪爲九老圖。

〔註77〕

圖版右上方亭臺中一老彈琴，一老凝神靜聽，後侍立一童；亭臺後方二老於
坡上對坐交談，神情愉悅；亭臺前方有二老石桌對奕，另二老悠閒居旁觀看，
一童子持杖及如意侍候（參小圖）；圖左下方一老自林間徐步而上；身後隨行
兩僕，一人手提薄籃，一人手持包袱。〔註78〕九老徜徉在綠意盎然的松竹林
園間，全幅予人愜意而愉悅的氛圍。

宋代文豪蘇軾謫貶廣東惠州時，曾寓居於白鶴峰之合江樓，〔註79〕《集
成‧山川典》第192卷「白鶴峰圖」（圖3-3-14），遂巧妙將東坡與此山作一連
結。圖後〈考〉引《方輿勝覽‧廣東路》：

> 惠州白鶴峰在江之東，舊稱惠陽，爲鶴嶺者，以此山下有合江樓，
> 蘇子瞻所居。〔註80〕

再參《東坡志林》中，收有〈別王子直〉一篇，節錄如下：

> 紹聖元年（1094）十月三日，始至惠州，……遷于合江之行館，得
> 江樓豁徹之觀，忘幽谷窈窕之趣，未見其所休戚，嶠南、江北何以
> 異也！虔州鶴田處士王原子直不遠千里訪予于此，留七十日而去。

〔註77〕 參〔宋〕歐陽修等，《新唐書》，卷119〈白居易傳〉。

〔註78〕 參同上註。香山九老故事，據《新唐書‧白居易傳》：「（居易）東都所居履道
里，疏沼種樹，構石香山，鑿八節灘，自號醉吟先生，爲之傳。……嘗與胡
杲、吉旼、鄭據、劉眞、盧眞、張渾、狄兼謨、盧貞燕集，皆高年不事者，
人慕之，繪爲九老圖。」

〔註79〕 參〔宋〕蘇東坡，〈遷居〉一詩的引文，節錄：「紹聖元年（1094）十月十二
日至惠州，寓合江樓。……時方卜築白鶴峰之上，新居成，庶幾其少安乎。」
收於《蘇東坡全集》，（臺北，世界，1964），頁516。

〔註80〕 參〔宋〕祝穆，《宋本方輿勝覽》，卷36〈廣東路‧惠州〉。（上海，上海古籍，
1991），頁342。

東坡居士書。〔註81〕

圖右側屋樓外，蔭覆隆密，四周連山盤錯，溪水旋繞，乃蘇軾謫惠州時所居之處。圖左下石橋岸邊，一人曳杖回頭與身後長者交談，長者身後另隨行一名折花攜物的童僕，或爲描繪王子直前來探訪之景（參小圖）。

圖 3-3-14　　《集成‧山川典》白鶴峰圖

另《集成‧山川典》第 9 卷「十三山圖」（圖 3-3-15），圖版上方峰巒螺列，大小相錯，大荒中瀰漫著煙嵐。左下方繪有一屋宇，門前行者三人，圖後〈考〉云：

　　　按《五代史‧契丹附錄》：「胡嶠等東行過一山，名十三山。」〔註82〕

〔註81〕參〔宋〕蘇東坡《東坡志林》，卷 1「送別類」。收於《叢書集成新編》第 86
　　　　冊，（臺北，新文豐，1985），頁 433。

由於史書與《集成》對於胡嶠東行十三山的經過，僅有簡短敘述，此圖所繪三人，筆者以爲，有可能爲表現胡嶠一行人。然由於缺乏相關文獻，概不妄加臆測。

圖3-3-15　《集成・山川典》十三山圖

上述據各類故事情節的插圖中，桃源山圖與白鶴峰圖，皆是將文學作品的內容融入景色之中。不同的是，桃源山圖中，漁夫所入之桃花源，乃陶淵明追求的理想境界；而白鶴峰圖則爲蘇軾友人前來寓宅探訪的現實場景。除了文學作品內容的呈現外，香山圖則是書畫作品再現於版畫的佳作，圖中九老神態怡然自得。在嶧山圖中，除真實呈現此山之石塊與山勢特點外，〈彙考〉特別收入梁祝情事，令人聯想圖中點綴的人物形象，應不脫此故事。天目山圖圖版，並未描繪東西雙峰上所蓄之天池，此乃該處極富特色的景點；而對於昭明太子的刻畫，又不甚突出，整體來說較其他圖版略遜一籌。

小說、戲曲版畫之所以廣受歡迎，除了欣賞圖版中人物細膩傳神的姿態，又因爲構圖具有生動的故事性，使讀者能一邊閱讀文字內容，一邊將精采情

〔註82〕參〔宋〕歐陽修，《新五代史》，卷72～73〈四夷附錄〉「契丹」一篇。

節融入版畫圖像。而《集成‧山川典》之山水版畫，雖然以描繪山川勝景為主，但有時又跳脫時間與空間的限制，將史料文獻中的人物與故事情節，躍然紙上。參〈具茨山部‧彙考〉云：

> 按《山海經》及《水經注》與各注書言具茨者多引此為證，似未可盡非。

及〈緱山部‧彙考〉云：

> 而今河南登封縣緱山，又明有昇仙遺蹟，故特考之，以備好異者之採擇云。

可知《集成》編著者為求收錄史料文獻的完備性，以供不同使用者參資，故採摭諸說。在遊賞該處景色之餘，又寓以教育功能，使覽圖者獲悉與此山相關之各類資料；而觀圖之際，亦能感到逸趣橫生。

第四節　《集成‧山川典》具導覽性質之插圖

　　《集成‧山水典》插圖有既定之版面尺寸，雖能細繪奇岩勝景，然山之全貌不能如同地圖般拉開長卷，逐一指陳。故部分圖版之繪製，將該山景點就其精要者，寫其大概，濃縮於一圖，並詳標各景點之名稱。若遇該山由多個山嶺峰巒組成，為使覽圖者加以辨識，則各標其山峰之名。又當該山部橫跨多個州縣城府者，則將圖版之四方標示諸地之界址。而一圖中有多處寺廟祠宇者，繪圖者亦有悉數標示名稱者。以下試將《集成‧山水典》插圖中，有詳標山名、景點、建築或邊界者之圖版，作一分類說明。

一、《集成‧山川典》標示景點之圖版

　　據《史記》記載孔子為「紇與顏氏女野合而生孔子，禱於尼丘得孔子。」〔註83〕故山東曲阜之尼山多孔子遺跡。《集成‧山川典》第25卷之「尼山圖」（圖3-4-1），〈尼山部‧彙考〉云：

> 尼山，一名尼丘山，在今山東兗州府曲阜縣東南五十里，即顏母所禱而生孔子者也。其山五峰聯峙，謂之五老峰。中峰之麓，為宣聖廟，廟東為中和壑，沂水出焉。下流為智源溪，溪南流，上為坤靈洞，洞三門。廟西為尼山神祠，宋仁宗以至聖誕生之地，封山為毓聖侯。

〔註83〕參〔漢〕司馬遷，《史記‧孔子世家》。

圖右側顏母山上，雖標示有顏母祠但未繪其建築全貌。圖版中央坐落著尼山，
最高處標示著五老峰，其右側有一山谷標爲中和壑。尼山山麓平坦處有一群密
集的建築，右側有先聖廟，廟前爲觀川亭，廟後方則是尼山書院，左側則有啓
聖祠及毓聖侯廟。另有坤靈洞開於觀川亭下方山崖。

圖 3-4-1　　《集成‧山川典》尼山圖

　　位於陝西西安的驪山，自周代開始，即是帝王遊憩勝地，《集成‧山川典》
第 66 卷之「驪山圖」（圖 3-4-2）中即標示多處歷史古蹟。有周幽王爲博褒姒
一笑，而舉烽火戲諸侯之烽火臺；〔註 84〕有規模宏大的秦始皇陵；有紀念女
媧的老母殿；有相傳爲唐代馴鹿飲水的飲鹿槽，及供奉道教始祖老子的老君
殿等。〈驪山部‧彙考〉指此山位於「臨潼縣東南二里」，圖右下方即繪出臨
潼縣城，圖中另有雷神殿、三清殿、玉皇殿、朝元閣等建築。而此處噴湧的
溫泉亦極富盛名，圖右側中央一池標爲「溫泉」，旁有岩石另隔出一泉，標爲
「混池」（參小圖），據《三才圖會》「驪山」一篇稱：

〔註84〕參〔漢〕司馬遷，《史記‧周本紀》：「幽王爲烽燧大鼓，有寇至則舉烽火。諸
　　　　侯悉至，至而無寇，褒姒乃大笑。幽王說之，爲數舉烽火。」

池過北有室三楹，啓其扃，即溫泉也。人呼爲官池，蓋非貴人不得浴此。池四周贅石如玉，環狀中一小石，上鑿七竅，泉由是出。相傳贅石起，秦始皇其後，漢武帝復加修飾官。池之左有泉曰：混池以浴小民，東行即華清宮故址。〔註85〕

筆者據此推論，一般庶民所沐浴之混池溫泉，應是唐代楊貴妃所沐浴的華清池下游。

圖 3-4-2　《集成‧山川典》驪山圖

浙江紹興的五洩山，以瀑布奇景著稱，《集成‧山川典》第 115 卷〈五洩山部‧彙考〉云：

五洩者，五瀑布也。土人謂瀑布曰洩，故稱山爲五洩也。其上三洩，屬富陽縣，下二洩，屬諸暨縣。山有峰十六，巖二十五，洞一，谷三，窟二，徑一，軒二，石十，井一，門一，臺三，嶺二，隩一，

〔註85〕〔明〕王圻，《三才圖會》，地理卷 8，「驪山」一篇。

林一，原二，溪二，澗一，而其中奇巒異峰不可名指者，甚眾。土人擬爲小鴈蕩焉。

此幅「五洩山圖」（圖 3-4-3）峰石形狀各異，〈彙考〉所指之峰、巖、洞、谷、窟、徑、軒、石、井、門、臺、嶺等五十餘處，皆有標示。圖右上五洩山處，有瀑布飛躍而下，截爲五級。圖中標有第一級至第四級（參小圖），瀑布有如階梯般爭壑迸流，第一洩涓流小巧；第二洩轉折緊接而下；第三洩寬闊平緩；第四洩氣勢奔騰；第五洩衝擊入一深潭，名「東龍潭」。

更有精彩如《集成・山川典》第 121 卷之「天台山圖」（圖 3-4-4），將天台十景網羅於圖中，由右至左爲「寒岩夕照」、「瓊台夜月」、「赤城標霞」、「石樑飛瀑」、「華頂歸雲」、「雙澗觀瀾」、「清溪落鴈」、「桃源春曉」、「斷橋積雪」、「螺溪釣艇」等十處。

圖 3-4-3　　《集成・山川典》五洩山圖

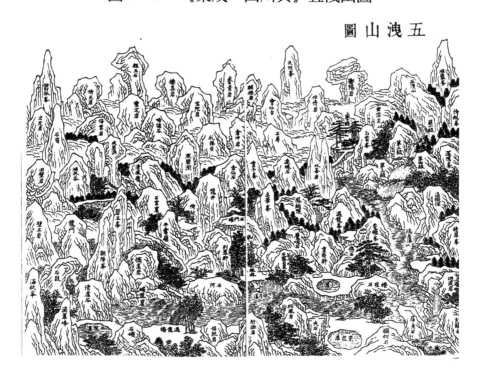

觀賞「石梁飛瀑」一景，最高峰華頂雲煙瀰漫，其下有一座石橋橫跨於兩崖之間，左右各有銅廟及曇華亭，橋下瀉出瀑布，下擊聚為潭水（參小圖）。而「雙澗觀瀾」一景，則是兩澗之水在橋下匯流沖激，漩渦迭現，形成回瀾之勢。又「赤城標霞」一景，圖繪疊石，形如城上短牆，據稱岩色赤赭，當日光高照時，籠罩著紅紫氤氳，故名。而圖左下側碧螺潭邊之一石，其形如懸有杆柱與掛帆的小船，稱釣艇岩，故有「螺溪釣艇」一景。全幅溪水隨山勢盤曲，奇石林立，另有兩石對聳，上方連為拱形的鵲橋；以及石筍拔地而起的石筍峰等。

圖 3-4-4 《集成‧山川典》天台山圖

位於湖廣（今湖南）永州之西山，〈西山部‧彙考〉總題為「唐柳宗元嘗宴遊於此」。唐代柳宗元謫貶至此，肆遊山水，而創作出散文「永州八記」。今觀《集成‧山川典》第171卷之「西山圖」（圖3-4-5），圖中標有鈷鉧潭、西山、

群玉山、石城山、石澗、石渠等處，皆爲柳宗元作品所描繪述之地。〔註86〕欣賞此圖，與柳子厚之作品兩相參閱，更可領會其中境界。

圖 3-4-5　《集成‧山川典》西山圖

地處福建的武夷山，以一溪流貫群山，九曲迴轉峰岩之景，蔚爲奇觀（參《集成‧山川典》第 181 卷之「武夷山圖」圖3-4-6）。據〈武夷山部‧彙考〉云：

> 其峰巒大者三十有六，而其中溪澗相夾，共成九曲，每曲各有景致，
> 極爲幽勝。

此圖空間處理密密層層，將武夷山百處地點盡悉繪入。《三才圖會》「武夷山」一篇，用了八百餘字將武夷山景色細膩描寫，節錄於下：

> 自洞天門出元關，至大王峰，峰高五千餘仞，絕頂有投龍洞，天鑑
> 池，又有仙鶴巖者，……西折則九曲在望。其一曲水中石上，題曰
> 智動仁靜。溪右爲大小觀音石，獅子巖，巍然獨立，望之蹲踞昂首，

〔註86〕〔唐〕柳宗元「永州八記」分別是：〈始得西山宴遊記〉、〈鈷鉧潭記〉、〈鈷鉧潭西小丘記〉、〈至小丘西小石潭記〉、〈至小丘西小石潭記〉、〈袁家渴記〉、〈石渠記〉、〈石澗記〉、〈小石城山記〉等八篇。

眞如狻猊。……窮七八九曲之勝。其溪之兩崖，峰石夾立，倒影插

天，水勢逆流，如噴雲湧雪，山水明秀，絕非偏勝。〔註87〕

參照《集成‧山川典》「武夷山圖」，上述描繪頗稱詳實。

圖版自右下問津亭開始（參小圖），經一曲書院，轉至玉女峰的二曲，行
經三盃石繞過馬蹄形水道則有攬石峰之三曲。再轉過金雞洞，即見兩巖相夾
下的四曲，五曲則於林間掩映中。城高岩下的六曲緊接著仙掌峰旁的七曲，
又鼓樓岩下瀠洄著八曲，最末流入地勢平坦的九曲。全幅秀水縈繞，山巒形

貌有孤峭如石柱，或高聳如劍
筍，或壁立如屏風，盤踞如城
牆，漁人樵客游蹤不絕。另有
宮觀、寺廟、石碑及亭臺等，
各景皆有標示，展圖盡覽。

圖 3-4-6 　《集成‧山川典》武夷山圖

上述圖版景觀各具特點，尼山圖以孔子遺跡為主，多處景點據孔子事蹟

〔註87〕參〔明〕王圻，《三才圖會》，地理卷11，「武夷山」一篇。

而造。驪山圖則多歷代帝王遺址，包含烽火臺、溫泉及秦始皇陵墓等，皆歷
史悠遠。而五洩山圖最可觀者，爲五段瀑布之奇奧。天台山圖則以天台十景
引人入勝。永州西山之景色，因柳宗元遊記作品而聲名大噪。武夷山圖中除
盡數標出迎空而立、奇石巧疊的峰嶺外，九曲之瑰異，更令人稱奇。

二、《集成·山川典》詳標縣界名稱之圖版

當一座山脈橫跨多個縣境者，爲使觀圖者能知悉方位，部分圖版便連帶
標示出各縣界之名稱。如《集成·山川典》第 25 卷之「龜山圖」（圖 3-4-7）。
山北側有一巨石突出，形體酷似烏龜上爬，故名「龜山」。據〈龜山部·彙
考〉云：

> 龜山與蒙山相連，在今泗水縣之東北，費縣之西北，蒙陰縣之南，
> 嶧縣之北，新泰縣之西南。其形如龜，故名。

圖 3-4-7　《集成·山川典》龜山圖

圖中將〈彙考〉所指五處地名標出，圖上側右至左各標示新泰縣與蒙陰縣，
下方右至左標示費縣、嶧縣及泗水縣，覽圖即知悉各縣之方位。山體因斷層

作用，形成崚峭如刀切的陡壁，和獨特的溶蝕現象，此幅圖版即例用書畫中折帶皴之筆觸表現。

與山東龜山相鄰之蒙山，收於同卷（圖 3-4-8 之「蒙山圖」），〈蒙山部‧彙考〉稱：

> （蒙山）跨青、兗二郡，在費縣之北，蒙陰縣之南。有七十二峰，三十六洞。龜蒙頂為最勝，其次為白雲巖，又有掛仙檄、平仙頂、玉皇頂，諸泉水出其下，流入於沂。

圖版之左上與右下處，各標示出蒙陰縣與費縣，並將相鄰之龜山繪示於左側。〈彙考〉所指之望海樓、玉皇頂、掛仙檄、平仙頂、白雲巖等，皆聳插於雲表。

圖 3-4-8 　《集成‧山川典》蒙山圖

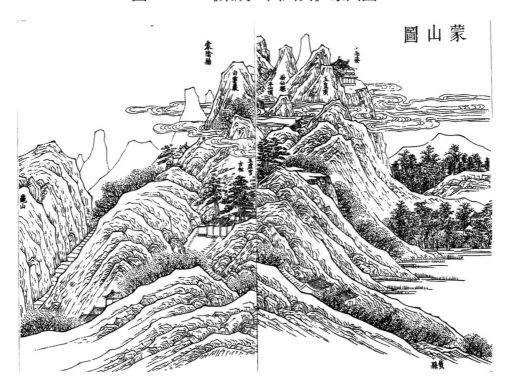

《集成‧山川典》第 51 卷之「廣武山圖」（圖 3-4-9），據〈廣武山部‧彙考〉云：

> 廣武山，與三皇山相連，在今河南開封府河陰縣之北十二里、滎澤縣之西十里、汜水縣之東北二里。其山逶迤曲折，連互數十里，支脈所分，因地立名不一。在滎澤為三皇山、敖山、五龍頂。在

汜水爲孤柏嘴、牛口峪。在河陰爲虎頭、飛龍諸頂，領軍、揚輝
諸峪。

圖中右側標示滎澤縣，下方標有河陰縣與滎陽縣，左側標爲汜水縣。此外，
另標示東、西廣武城、五龍峰、太公頂等十一處山名。滎澤縣及河陰縣間的
山體擘裂出一道鴻溝，此溝壑之北坡陡峻，南坡則較爲平緩。

圖 3-4-9　　《集成・山川典》廣武山圖

同樣位於河南的北邙山（《集成・山川典》第 54 卷「北邙山圖」圖 3-4-10），
參〈北邙山部・彙考〉云：

> 其山西自新安，接洛陽、偃師、鞏縣一帶，綿亙四百餘里。隨地立
> 名不一：或爲翠雲山，或爲牛吼峪，或爲首陽山，或爲磨盤山，或
> 爲馬鞍山，而總謂之北邙山。背河面洛山之陽，有天然風水，歷代
> 陵墓多在焉。

圖中各山頭標上〈彙考〉所指之山名，位於新安縣者標爲牛吼峪；位於洛陽
縣者標爲翠雲山；位於偃師縣者標爲首陽山；位於鞏縣者標爲磨盤山，圖上

方則標示孟津縣。觀察圖版，冢墓遍布
山間（參小圖），據〈彙考〉稱，此山屬
風水佳地，歷代陵墓多建於此，參《明
一統志》亦稱：

> （北邙山）東漢諸陵及唐宋名臣墳多
> 在此，晉張協賦地勢崇窿，丘墟陂陀，
> 墳壟巋疊，棋布星羅。〔註88〕

圖 3-4-10 《集成・山川典》北邙山圖

山脈橫跨多縣者，另有浙江四明山（《集成・山川典》第 109 卷之「四明
山圖」圖 3-4-11）。據〈四明山部・彙考〉云：

> （四明山）壓餘姚、上虞、鄞嶧、奉化、慈谿諸縣地。高一萬八千丈，
> 週迴數百里，山有二百八十餘峰，隨地立名不一，要皆其支麓所分也。

〔註88〕參〔明〕李賢等，《明一統志》，卷29，收於《景印文淵閣四庫全書》史部第
230 冊，（臺北，臺灣商務，1983～1986），725 頁。

觀察圖版右上梨州山旁標著嵊縣界；右下雙鳳山處標上虞縣界；左上雪竇峰

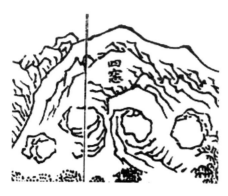

旁分別標示奉化縣界及鄞縣界；左下白龍潭一帶則標記餘姚縣界。圖中央最上方開有四穴，標示為「四窓」（參小圖），參《三才圖會》「雪竇（附四明）」一篇：

（四明山）山四穴如天窗，隔山通日月
星辰之光，故曰四明。〔註89〕

圖中尚標有太白山、楊云嶺等二十餘處峰巖山嶺，另有潺湲洞、吳山泉、三井龍潭等二十多處景點。

圖 3-4-11　　《集成·山川典》四明山圖

上述圖版，因地理位置特殊，除各處山嶺峰巒之標示外，另將所在各縣界標出。欣賞圖版景色之際，更能進一步了解該山之地理方位，《集成》繪圖

〔註89〕參〔明〕王圻，《三才圖會》，地理卷9，「雪竇（附四明）」一篇。

者周密之用心，可見一斑。

三、《集成‧山川典》詳標山峰名稱之圖版

　　《集成‧山川典》中圖版，遇有多個相似之山峰，或山巒座落於不同區域方位而有別名者，繪圖者為讓圖版全面且詳盡地呈現，便逐一標記每座山峰之名稱。如《集成‧山川典》第45卷之「王屋山圖」（圖3-4-12），據〈王屋山部‧彙考〉云：

> 其頂曰天壇，東曰精峰，西月華峰，北小有洞，其支麓為八仙嶺、
> 華蓋山、大羅嶺、五斗峰、七仙嶺、秦嶺、五指山、金爐山、孤山、
> 玉陽山、牛心山、虎嶺、金山。

圖中亦羅列各支麓名稱。觀察主峰天壇，有一峰擎天，群峰簇擁的雄偉氣勢。

圖3-4-12　《集成‧山川典》王屋山圖

　　有更詳盡者，如《集成‧山川典》第 49 卷之「林慮山圖」（圖 3-4-13），
據〈林慮山部‧彙考〉云：

> 林慮山，在今河南彰德府林縣西二十里，連接眾山，隨地異名爲：
> 黃華山、天平山、玉泉山、倚陽山、大頭山、紫團山、聖符山、萬
> 泉山、礦山、柏山、礪山、樓兒山、將軍山、北傘蓋山、南傘蓋山、
> 鳳凰山、定尖山、馬鞍山、大聖山、鳳寧山、褲山。各山中，峰崖
> 洞谷，其名亦不一，而總謂之林慮山。

圖中群山排列而下，盡數標出〈彙考〉所指陳之二十一處山名。而此山南倚
太行山，北接恆山，圖之上、下方亦將恆山及太行山脈繪出，觀圖者可知此
山之地理方位。

圖 3-4-13　　《集成‧山川典》林慮山圖

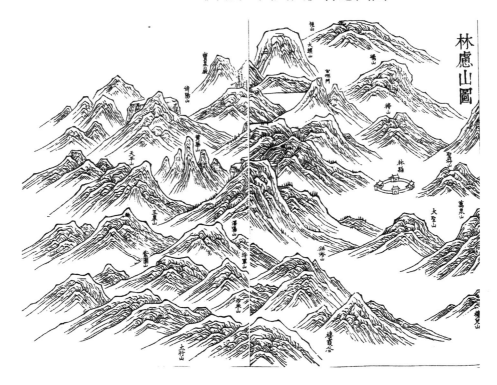

　　再觀察《集成‧山川典》第 85 卷之「灊山圖」（圖 3-4-14），群峰直削，
奇險幽奧，以中央天柱峰最爲峭拔。據〈灊山部‧彙考〉題，此山爲「漢武
帝所封之南嶽」，參圖右側一石臺標示「祭臺」及「漢武帝封禪處」，其下之
旌駕橋旁又標註爲「漢武帝駐輦處」，即與〈彙考〉之題相呼應。全幅峰石奇

兀，除標有二十餘處山峰名稱，另有標有位於飛來峰與皖伯峰間的試心橋；天柱峰下的盆池，以及山麓座落之三祖寺，寺中殿宇林立，規模宏偉。

圖 3-4-14　　《集成‧山川典》濳山圖

另有九山合繪的「九峰圖」(《集成‧山川典》第 97 卷，圖 3-4-15)，據〈九峰部‧彙考〉云：

> 支脈所及，或林麓相連，或溪壑相間。其第一峰爲鳳凰山，第二峰爲庫公山，第三峰爲佘山，第四峰爲神山，第五峰爲薛山，第六峰爲機山，第七峰爲橫山，第八峰爲天馬山，第九峰爲小崑山。要之缺一山不足爲奇，舉一峰無以盡勝。故他山皆用分考，而此山則用合考云。

可知此山部將九峰合舉，乃爲盡攬其勝，圖中詳繪九峰之形並標示其名。

圖 3-4-15　　《集成・山川典》九峰圖

再觀察第 169 卷之「九疑山圖」（圖 3-4-16），參〈九疑山部・彙考〉云：

其山有九峰，皆相似。九峰者朱明、石城、石樓、娥皇、舜源、女
英、蕭韶、桂林、杞林也。

圖版上排五峰、下排四峰，由左至右序列而下。此山九峰形貌相肖，令人望
而疑惑，幸賴繪圖者詳標各峰。

圖 3-4-16　　《集成・山川典》九疑山圖

　　上述圖版，因其峰巒多而相似，故繪圖者進一步詳加標示。其中，王屋山圖及林慮山圖，圖版山勢排列整齊，筆者認爲僅是將各山嶺繪出示意，較無山水插圖之美感。而灊山圖諸峰錯落，另標示漢武帝之遺跡，頗爲詳實。九峰圖之九峰坐落於山水相連之處，爲強調整體美感，故盡收一圖。九疑山圖的九個峰頭形貌相近，其寫繪用意則是使覽圖者分辨諸峰。

四、《集成・山川典》詳標寺廟名稱之圖版

　　一山之圖版中，若繪有多處廟宇、祠堂、亭臺等建築，《集成》之繪圖者亦有將各處名稱標示者。如《集成・山川典》第 27 卷之「雲門山圖」（圖 3-4-17）。〔註90〕據〈雲門山部・彙考〉云：

　　　　有通穴如門，今日雲門，山陰有石井水簾洞及八仙台，花林疃諸勝，

〔註90〕　《集成・山川典》另有卷 114 之浙江雲門山，在此所指爲卷 27 之山東雲門山。

東南爲劈山，西爲駝山，南爲鳳凰嶺。

圖中之景即〈彙考〉所勾勒，各處之地點，於圖版中皆有標示。主峰大雲頂上，有洞如門相通，標示爲中虛洞，遠望如明鏡高懸，將山頂關帝廟與碧霞祠托於其上。劈頭山位於雲門山右側，石壁自頂開裂，二峰屏峙，高插雲霄，遠望若刀劈之狀。劈頭山山麓坐落著廣福寺，山下方有一處形似鳳凰之首者，標爲鳳凰嶺，嶺下有一山路通往靈官廟。而行至左側的昊天宮時，便可眺望遠處之駝山。

圖 3-4-17　《集成・山川典》雲門山圖（山東）

位於河南的蘇門山（《集成・山川典》第 53 卷之「蘇門山圖」圖 3-4-18），由於古代名士多潛居於此，遺蹟頗多。據〈蘇門山部・彙考〉云：

晉孫登隱於此，宋邵康節亦于是卜居焉，其上皆有遺跡。

全幅呈現亭飛閣聳之貌，諸景皆作詳盡標示。圖中除坐落於山巔的孫登祠及左側山谷間的邵子安樂寓外，資福宮、百泉書院、二陳祠、武安廟、噴玉亭等比鄰而建（參小圖）。而由雲橋連接的水灘小島上，另有洗心亭、清輝閣

等，碧水與亭閣相映。山麓間還有規模
宏大的衛輝廟，其上一穴爲丘處機等人
修道之三仙洞。

圖 3-4-18　《集成‧山川典》蘇門山圖

針對廟宇建築有詳細標示者，尚有《集成‧山川典》第 132 卷之「鴈蕩
山圖」（圖 3-4-19）。據〈鴈蕩山部‧彙考〉云：

古邃峰疊，奇怪萬狀，行者弗能遍焉。

觀察圖版，諸峰摩天披地，有合掌禮拜者，有端坐蓮臺者，有拱手迎客者，
有似雙筍狀者，有形如風帆峰者。也有連續展開的懸崖峭壁，如倚天、如連
雲，蜿蜒蟠結。圖左上山巔鴈湖旁的大龍湫瀑布，從懸壁上凌空而下，明人
遊記道：

（大龍湫）凡瀑皆倚壁而下，觸石而注，而此瀑獨無所倚，負無所
觸，抵從絕壁石凹中傾瀉，故凡瀑皆衝激溆汰，而此瀑獨委蛇縹

紗……。〔註91〕

寫出瀑布變幻多姿的風采。而各峰奇形異狀，遊者難遍，此圖僅寫其大概。圖版中廟宇依洞而構，多藏於古洞山壁之下，計標示有十九處寺廟。

圖 3-4-19　《集成・山川典》鴈蕩山圖

　　上述圖版，繪圖者強調的是廟宇景觀等人文建築的標示。雲門山圖主要仍是強調山頂之中虛洞，通穴如門。蘇門山圖由於歷來隱居者多，故隱士之遺址遍布山間，繪圖者便詳加繪示。而鴈蕩山景觀中，歷來獨佔鰲頭的是大龍湫瀑布，然鴈蕩山圖中，此景縮於左上一隅，進一步強調奇岩突兀與繁密的寺廟建築。

〔註91〕參〔明〕鄒迪光，〈遊雁宕山記六首・記五〉，收於《四庫禁燬書叢刊》集部第103冊，（北京，北京出版社，2000），頁353～354。

　　旅遊導覽書中的山水版畫插圖，多強調景點或主要建築物的描繪；這或許彌補人跡罕至或「雖不能至而心嚮往之」的遺憾。《集成‧山水典》繪刻者，將動人心魄的山景水文融入圖版中，同時亦不失眞實性，讓觀圖者認識雄偉的景觀地貌外，亦能刻意描繪圖版中細微的景點，而突出其所要表現的概念。傳統方志插圖的特色在於方位、地點的指陳，而《集成‧山水典》也有這一特點，針對地理方位較爲特殊的山部，將各縣界作一詳細的標示，除此還透過說明文字將此描述的坐落地點，進一步說明。圖與文的配合，讓攬圖者一目了然地盱衡全景。是以《集成‧山水典》之插圖，除了提供導覽憑藉外，更供作紙上臥遊、神往之功能。

第四章 《集成‧山川典》山水版畫的特色

　　山水版畫因為受到版面的侷限，大能攬群山片海，小則取一岩半峰；常利用以少概多的構圖方式，令觀圖者有該處全景的視覺感受。《集成‧山川典》之山水圖版，除了有以方隅之景來統括全景外，另有易於參考及實用之便。能廣泛收錄不同說法的考證又能取畫面之重點，並以寫實手法將中國多樣的地理風貌盡繪其中，如地形獨特的島嶼；水勢濤湧的河谷江岸；甚至幽巖深谷中的仙道洞穴等，而亦能不失其藝術性，是書山水插圖可謂集結多種特色。

第一節　《集成‧山川典》版畫的廣博與精要

　　明代焦竑《國史經籍志》中〈類家〉一篇，對於古代類書編輯緣由有一段說明：

> 瀏覽貴乎博，患其不精；強記貴乎要，患其不備；古昔所傳，必憑簡策，綜觀群典，約為成書，此類家所由起也；自魏《皇覽》而下，莫不代集儒碩，開局編摩。〔註1〕

類書的學術目的主要是臨事便於檢索，其功用除了可以突顯文治之盛，令皇族熟悉轄區文化的各門類知識外；又能因應士民利用文獻和應試之所需。《集成‧山川典》圖版之繪刻，廣收博採相關圖版資料，即發揮類書多元參考的

〔註1〕 參〔明〕焦竑，《國史經籍志》，卷4，收於《叢書集成新編》第1冊，（臺北，新文豐，1985），頁237。

特性。其山部之下，附有插圖者一百九十九部，多數爲一部一圖；但一部中，也會出現因爲收錄不同說法的地點考證，而附有多圖者。例如：舜耕作的歷山，向來有諸多傳說地點，〈歷山部〉即擇錄八種較爲可信之說法，並根據這八種說法各附插圖（說詳下）。

除了有廣納諸說之特點外，《集成‧山川典》的圖版，亦能夠繪刻精要。《集成‧山川典》收錄插圖以一個山部爲單位，意即該山部所收之圖，乃該山之全景或是繪者欲特別突出的該山某處景觀。以一山一重點的方式，表現該山圖版。例如：位於浙江的鎮江上，座落著焦山、金山與北固山，歷來多合稱爲京口三山，然而此三山各有其殊致之景，《集成‧山川典》遂畫分爲三個山部，圖版亦分別鐫繪。以下試將《集成‧山川典》廣收博錄取與擇錄精要之特點做一說明。

一、考證詳盡擇錄諸說

（一）舜耕之歷山

舜爲中國古代傳說的三皇五帝之一，古史簡冊中，對於舜所耕作之歷山，記載有多處，參第 23 卷〈歷山部‧彙考一〉下有一則按注說明：

> 按《孟子》：「舜生於諸馮，遷於負夏，卒於鳴條，東夷之人也。」耕處應與始生之地相去不遠，自當以在山東者爲是。今濟南府歷城縣，以山得名，相沿甚久，似尤爲可信。故以此山爲正，而凡他處歷山，亦各分考，附載於此山之後。

可知《集成》乃按孟子之說，以山東濟南之歷山爲正確地點，〈彙考一〉標題爲「濟南府之歷山」，其內容云：

> 天下稱舜耕之歷山，有八，在山東者三，在山西者一，在浙江者三，在直隸者一。其在山東者，一在今濟南府城南五里。一名舜耕山，一名大佛頭山，一名千佛山。

其後附「歷城縣歷山圖」（圖 4-1-1）。據《山東通志‧山川》云：

> 歷山在濟南府城南五里，俗傳即舜耕處，山南危石矗立如佛頭，人呼爲大佛頭，山亦名千佛山。〔註2〕

觀圖右下方繪一城牆，標示爲濟南府歷城縣，圖左上有巨石鐫成佛座像，即

〔註2〕 參《嘉靖山東通志》，收於《天一閣藏明代方志選刊續編》第 51～52 冊，（上海，上海書店，1990），頁 290。

《山東通志》所指之佛頭石（參小圖）。

圖 4-1-1　《集成・山川典》歷城縣歷山圖

〈彙考二〉標題為「濮州之歷山」（圖 4-1-2），其內容云：

歷山之在山東者，一在東昌府濮州城東南七十里，西南接兗州府曹
州界，相傳為舜耕處。山下有姚城，即舜所生之姚墟也。

說明此處有舜所生之姚墟，故亦有舜耕之歷山一說。圖版中央有一座四面弧
型牆圍起的姚城以及山麓間的舜祠（參小圖）。接著〈彙考三〉標題為「費縣
之歷山」（圖 4-1-3），其內容為：

歷山之在山東者，一在今兗州府費縣城西一百二十里，相傳爲舜耕處，其旁有舜祠。

圖 4-1-2 《集成‧山川典》濮州歷山圖

圖右下標爲費縣，右上舜祠座落於雷澤湖岸邊。以上三圖所指地點皆位於山東。

圖 4-1-3　　《集成‧山川典》費縣歷山圖

〈彙考四〉標題爲「蒲州之歷山」（圖 4-1-4），內容云：

歷山之在山西者，在今平陽府蒲州城東南三十里。相傳爲舜耕處，其山上有舜廟，下有二泉名嬀汭。相傳即堯釐降二女處。

圖版右處山崖邊有松林掩映的舜廟（參小圖），其下經流二水，即〈彙考〉所指之嬀汭二泉。參《山西通志‧山川》云：

歷山有二，一在蒲州東南三十里，相傳即舜耕處，上有舜廟，山下有二泉名嬀汭。東西相距二里，南流者爲嬀，北流者爲汭，合流入黃河，即堯釐降二女處。〔註3〕

此處傳說爲堯將二女許配給舜之地點，故傳有舜耕於此之說。

圖4-1-4 《集成‧山川典》蒲州歷山圖

〈彙考五〉標題爲「上虞之歷山」（圖4-1-5），內容云：

歷山之在浙江者，一在今紹興府上虞縣城西南四十里，相傳爲舜耕處，其山下有田，曰象田；井，曰舜井。

〔註3〕 參〔明〕李維禎，《山西通志》，收於《稀見中國地方志彙刊》第4冊，（北京，中國書店，1992），頁52。

圖 4-1-5　《集成・山川典》上虞歷山圖

圖版左右各繪有西井與東井。繼續閱讀〈彙考六〉，標題為「餘姚之歷山」（圖4-1-6），內容為：

　　歷山之在浙江者，一在今紹興府餘姚縣城北三十五里。相傳為舜耕

　　處下，有象田、舜井、及石床，足蹈處雙跡宛然。

圖右側一石鐫有「耕隱」二字，旁有石嵌空橫，平覆如牀，並標示著「大舜避雨處」，另還有一盆盎標為「舜井」（參小圖）。〈彙考七〉標題為「蕭山縣之歷山」（圖4-1-7），內容云：

　　歷山之在浙江者，一在今紹興府蕭山縣城西三十里，相傳為舜耕處，

　　其下為漁浦。

圖版繪一人泛舟；一人捕魚之景象（參小圖）。上述三圖之地點皆位於浙江。

　　最末，〈彙考八〉標題為「延慶州之歷山」（圖4-1-8），內容云：

　　歷山之在直隸者，在今宣府延慶州城西北三十里，相傳為舜耕處，

　　其山形似覆釜。

此處傳為舜耕處歷山，並無其他相關之事證與遺跡，在此〈彙考〉最末有一

段按注云：

> 以上所載舜耕之歷山，凡八處，在濟南者固是矣。即在濮州與在費縣者，亦近似焉。至山西蒲州之歷山，與浙江上虞、餘姚、蕭山三縣之歷山，亦皆有古蹟可證。惟直隸延慶州之歷山，既不見於經傳，又不聞有舊址。然考《舜本紀》：「舜，冀州人」，而延慶州寔冀州域內，則其說亦未可廢。其他若《山海經‧中山經》云：「槐山又東十里，曰歷山，其木多槐，其陽多玉。」此則名同而於舜耕之山無可據也。故不收入此山部彙考。

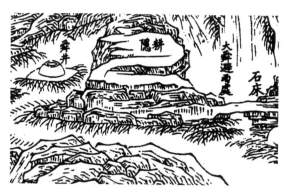

圖 4-1-6　《集成‧山川典》餘姚歷山圖

可知延慶州歷山之說乃是因為延慶州又位於冀州域內，故列入。而上述文字

亦可視為「歷山部」八處地
點之總結性說明。

圖 4-1-7 　《集成‧山川典》蕭山縣歷山圖

圖 山 歷 縣 山 蕭

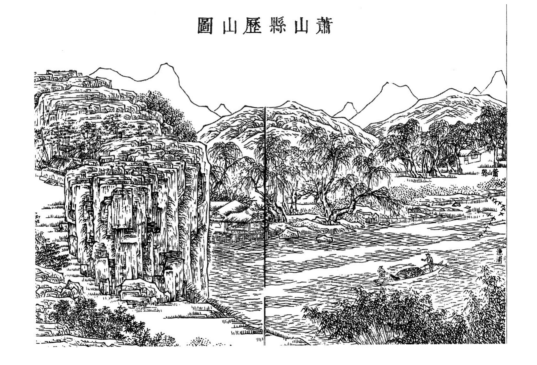

圖 4-1-8　《集成‧山川典》延慶州歷山圖

圖 山 歷 州 慶 延

　　今比較同為類書的《圖書編》，是書卷 61「歷山考」引述歷山所在之處
有三說，分別是：「府南五里一名舜耕山」、「舜耕歷山，漁雷澤，陶河濱」
以及「歷山溈水所出，舜娶堯女所居」。〔註4〕以此三說對照《集成》，即為
「歷城縣歷山」（彙考一）、「濮州歷山」（彙考二）與「蒲州歷山」（彙考四）。
而《圖書編》卷 64 之「兩浙各郡諸名山總圖」後，收有「歷山圖」（圖 4-1-9），
觀察圖版，中央繪有舜廟，左右各有西井與東井，與《集成》〈歷山部‧彙
考五〉之浙江「上虞歷山圖」（圖 4-1-5）應指同一處。《圖書編》編者於「歷
山考」中說明「歷山不宜獨在河東，在齊者是也。」〔註5〕故該書作者認為
歷山諸說，以山東之歷山為正，然此卷並無相關圖版可供參佐；其所收之歷
山圖，則附於卷 64 之「兩浙各郡諸名山總圖」後，此種編排方式容易使讀
者混淆。

〔註4〕　參〔明〕章潢，《圖書編》，卷 61，「山東各郡諸名山總圖」後之「歷山」一篇。
〔註5〕　參同上註。

圖 4-1-9　《圖書編》歷山圖

（二）夷齊隱居之首陽山

　　孔子對於商朝的賢人伯夷、叔齊之評論爲「求仁得仁」，其友愛讓國、不食周粟等事蹟，傳頌至今。〔註6〕《集成‧山川典》對於二人隱居之首陽山考證亦詳，共引錄四處首陽山的資料，在第 37 卷〈首陽山部‧彙考一〉下的按注稱：

　　　　夷齊隱處之首陽，當以在山西蒲州者爲是。經與史註皆然，故以此
　　　　山爲正，而凡他處之首陽山，傳爲夷齊隱處者，亦各分考附，載此
　　　　山之後。

〈彙考一〉標題爲「蒲州之首陽山」內容云：

　　　　歷觀傳記所稱首陽山，爲夷齊隱處者不一。一說在山西蒲州，一

〔註6〕　參《論語‧述而篇》。而伯夷、叔齊二人事蹟，可參《史記‧伯夷列傳》。

説在河南偃師，一説在直隸永平，一説在陝西鞏昌。諸家所論，
蓋各有案據焉。其在蒲州者，即《禹貢》雷首，〈唐風〉所謂采苓、
采苦者也。一名方山，一名堯山，又名獨頭山，山南有夷齊墓與
祠。

觀察「蒲州首陽山圖」（圖4-1-10），右上標示爲獨頭城，左上繪有二賢祠（參
小圖）。〈彙考二〉標題爲「偃師縣之首陽山」（參「河南首陽山圖」圖4-1-11），
內容云：

首陽山之在河南偃師者，在縣城西北二
十五里，即戴延之所謂洛陽之東北山
也。山有夷齊廟，相傳即夷、齊餓死處。
圖中山徑曲迴的山谷間座落著二賢祠（參
小圖）。

〈彙考三〉標題爲「永平府之首陽山」
（圖4-1-12），內容云：

圖4-1-10　《集成‧山川典》蒲州首陽山圖

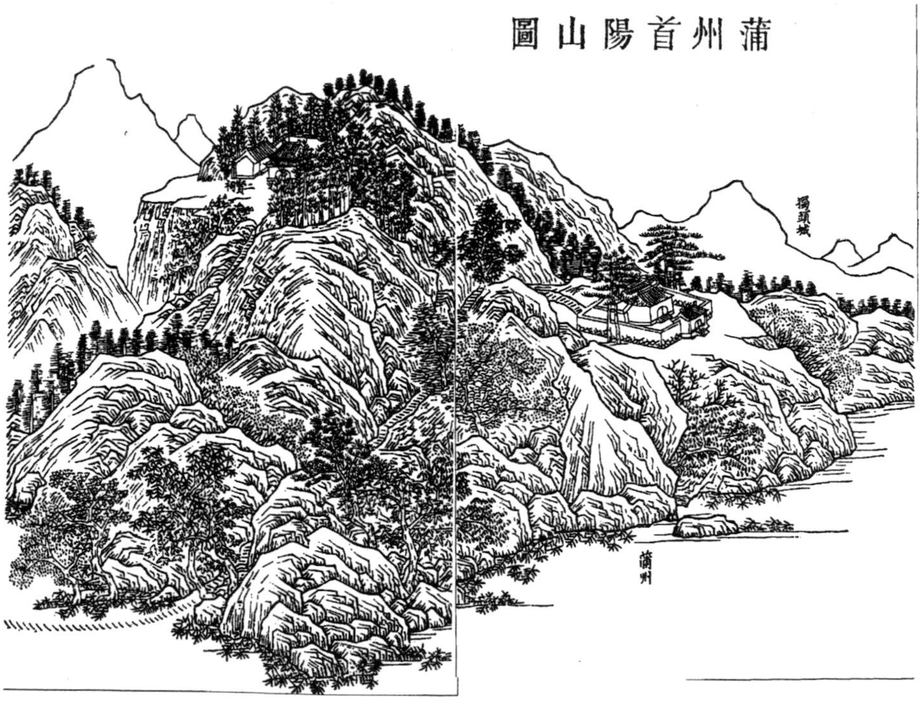

圖 山 陽 首 州 蒲

首陽山之在直隸永平者，在府城東南十五里，俗名陽山，與孤竹山
對峙，相傳爲夷齊隱處。

圖左繪出永平府城，右上山崖邊有二賢祠（參
小圖）。接著讀〈彙考四〉，標題爲「鞏昌府之
首陽山」（圖 4-1-13），內容云：

首陽山之在陝西鞏昌者，在府城西四十里，
即曹大家所謂在隴西者也。其山爲渭水發源
處，山之麓有夷齊祠及夷齊墓，相傳夷齊採
薇於此。

圖 4-1-11　　《集成‧山川典》河南首陽山圖

圖山陽首南河

觀察圖版，山麓之建築標示爲二賢祠，左側繪有兩墓塚，應即爲夷齊墓（參
小圖），圖右下之鞏昌府與此山隔水相望。

在〈彙考四〉後有一段三百餘字的按注，茲節錄於下：

以上所載首陽山，凡四處。謂在蒲州者，固是矣。即謂在偃師、在
永平、在鞏昌者，亦各近似。蓋偃師西接洛陽，近孟津牧野之地，

當爲西來孔道。以地勢考之，似可信也。……《莊子》所云：「首陽山在岐陽之西」，《山西通志》所云：「遼州和順縣有首陽山」，其謂在岐陽之西者，既無可考，即謂在和順縣者，查《縣志》，首陽山下亦未言夷、齊事。則意此皆山名偶同，非即爲夷、齊隱處也。故不敢概入此山彙考。

再次強調位於蒲州之首陽山乃二賢之隱處，同時又說明位在偃師、在永平、在鞏昌者，其地勢與地緣等相關之跡證，可謂詳盡。

圖 4-1-12　《集成‧山川典》直隸首陽山圖

今比較《三才圖會》地理卷 8，收有「首陽山圖」一幅（圖 4-1-14），圖後「首陽山圖考」節錄如下：

首陽山在蒲州南四十五里，爲伯夷叔齊隱處，至山下謁二賢祠，門

之外有古柏二……。其復塑一白
鹿道士，云二賢食薇兼飲鹿乳，
故塑之，此說不見傳記，鮮有知
者……。

圖 4-1-13　《集成・山川典》陝西首陽山圖

圖版左側山麓繪有二賢祠，旁植有兩株高大柏樹，祠前有一頭鹿佇立回首，
概是根據圖考之說所繪。然圖考並沒有再進一步說明除了蒲州首陽山外，相
傳伯夷、叔齊隱處之首陽山另有何處，《三才圖會》一圖一文的方式雖同樣便
於檢索，但論考證之詳悉與全面，仍屬《集成》為勝。

圖 4-1-14　　《三才圖會‧地理卷》首陽山圖

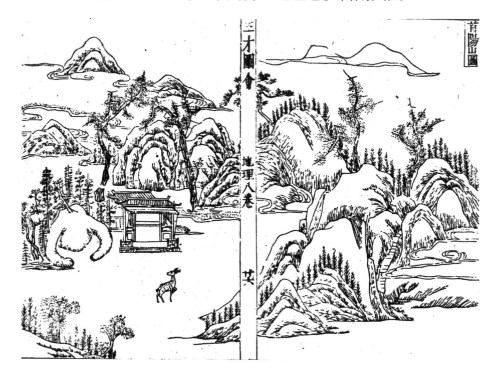

（三）許由、巢父隱處之箕山

　　關於許由、巢父洗耳飲牛之說，〔註7〕或可以寓言故事視之，歷來對於二人隱居處，亦有多種說法，《集成‧山川典》即列有五種。第 63 卷〈首陽山部‧彙考一〉有一段按注：

> 許由、巢父之事，傳記所載不同。或曰：堯讓天下於許由，許由不受，隱居箕山之陽。又召爲九州長，由不欲聞之，遂洗耳於潁水濱。……總之，世遠年湮，弗可深考。但其隱居之箕山，自漢以來，凡註經釋史者，不曰在嵩山之下，則曰在潁水之陽。今觀河南登封之箕山，正與經史合，且故蹟皆確有據。故以此山爲正。而凡他處箕山傳爲許由隱處者，亦各分考附載於此山之後。

說明許由、巢父所隱居之箕山，以登封縣爲正，其後所列之箕山，因有相關之遺跡，故亦續附之。〈彙考一〉總題爲「登封縣之箕山」，內容云：

〔註7〕關於許由、巢父之事蹟，可參〔晉〕皇甫謐，《高士傳》，收於《筆記小說大觀》第 1 冊，（臺北，新興，1974），頁 379。

許由、巢父之行，雖云過高，然亦千載不可泯滅者。故其隱處之箕山，
在史氏既未有定論，而後之作志者亦遂樂攘之，以爲郡邑光。今博覽
群書，得所謂箕山爲當日隱處者，不一而似。可信者有五：一在河南
之登封，一在山西之平陸，一在直隸之行唐，一在山西之遼州，一在
山東之莒州。其在河南登封者，距縣城之東南三十里，即中嶽嵩山之
一支也。有潁水經流其北，昔人曾於此置縣，即取名潁陽其山一名鄂
嶺，又名許由山。山上有許由塚及許由廟，又有巢父塚棄瓢巖；山之
下有牽牛墟，有犢泉，又有洗耳泉及洗耳池。相傳皆兩人之遺蹟云。

此段描述甚爲詳細，觀察「登封箕山圖」（圖 4-1-15），圖左上山間有一墓塚及
廟宇，右側村落邊有一流泉，即〈彙考一〉所指稱之處。

圖 4-1-15　《集成‧山川典》登封箕山圖

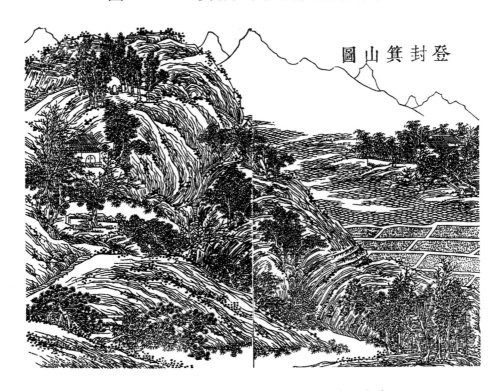

〈彙考二〉總題爲「平陸縣之箕山」（圖 4-1-16），內容云：

箕山，一在今山西平陽府平陸縣東北九十里，其形如箕。相傳，許
由巢父隱此，山上有許由、巢父墓，山下有清澗，傳爲洗耳處。

圖版中央山巔處有二賢祠，左下山麓古樹參天處，有兩墓南北並列，爲西二

賢墓（參小圖）。山下清澗傳爲許由洗耳處。再讀〈彙考三〉總題爲「行唐縣之箕山」（圖4-1-17），內容云：

　　箕山，一在今直隷眞定府，行唐縣西北五十里，相傳許由隱此。

圖版右上側谷地間有許由墓，右下一道山澗岸邊有一塊石碑，應是繪巢父問答碑（參小圖）。〔註8〕再觀察〈彙考四〉，總題爲「遼州之箕山」（圖4-1-18），內容云：

箕山，一在今山西遼州城東南七十里。相傳，爲許由隱處，其上有許由洞，其下有洗耳泉。

圖版右側濃密的柏樹林後方開有許由洞（參小圖），洞口沿著山徑而下則有一處泉水，即爲洗耳泉。

圖4-1-16　《集成・山川典》平陸縣箕山圖

〔註8〕　參〔清〕黃彭年等，《畿輔通志》，（臺北，華文，1968），頁2051。據《畿府通志・山川考》云：「箕山在（行唐）縣西北五十里，峰若箕形而名。古許由隱此，上有許由墓、棄瓢巖、洗耳溪、巢父問答碑。」

圖 4-1-17 《集成‧山川典》真定府箕山圖

上述四處箕山皆有相關遺跡聯結許由、巢父之故事，而題為「莒州箕山」（圖 4-1-19）之〈彙考五〉，《集成》認為此處箕山之說法屬謬誤。參此部〈考〉收錄《水經》之資料，筆者按《水經注》之說節錄於下：

圖 4-1-18　《集成‧山川典》遼州之箕山圖

　　沭水左與箕山之水合。水東出諸縣西箕山，劉澄之以為許由之所隱也，更為巨謬矣。〔註9〕

《集成》編者雖認為劉澄以為此處為許由所隱處並不正確，但或許此說在當時流傳亦廣，故亦列入。

<hr />

〔註9〕參〔魏〕酈道元，《水經注‧沭水》。

圖 4-1-19 《集成‧山川典》莒州之箕山圖

莒州之箕山

今參考《圖書編》卷 62「箕山」一則資料，僅記錄「平陸許由隱處」數字，
〔註10〕並無其他地點之考證或圖版的擇錄。由此可知，《集成》對於箕山之說亦
屬相對詳盡的論述。事實上，前述之聖君賢者是否確有其人，多已無法考證；
或許因為古人好歌頌聖君明主、嚮往隱士生活、稱揚不慕名利，故特意依附先
賢事蹟。即〈箕山部‧彙考一〉所云：「而後之作志者亦逐樂攘之，以為郡邑光」，
經過歷代之供奉與紀念，而留下諸種傳說。《集成》採摭部分較為可信之說法，
將各地點列為分考，順序附於後，考證其遺跡所在。並於各說法後，繪製圖版
以供讀者參閱，充分發揮類書檢索便利與涵蓋多元的特性。

二、取其精要之處詳實呈現

（一）京口三山

浙江之鎮江古稱京口，江水上屹立著三座名山，分別是焦山、金山與北
固山，歷來皆將其合稱為「京口三山」。此三山雖相鄰而座，然其地勢與景觀

〔註10〕參〔明〕章潢，《圖書編》，卷62，「山西各郡諸名山總圖」後。

各異，《集成・山川典》遂將三山析分為三個山部，並細繪各圖，針對其建築景觀與地形特色詳實呈現。

　　第100卷的「北固山圖」，繪刻重點以《三國演義》甘露寺招親之相關情節為主。〔註11〕第101卷之「金山圖」（圖4-1-20），從山腳沿岸到峰巔，山體幾乎都被殿宇樓亭所覆蓋，像是山被遮隱於寺中。參〈金山部・彙考〉云：

> 京口三山，以金山為勝。屹立大江中，去鎮江府城七里，山上有龍游寺。寺廊週山之趾，而江水環寺檻之外，隨波蕩漾，飄紅映翠，浴日淩霞。每登妙高峰上遠望，焦山、海門，歷歷可見，而本山之樓臺殿閣，森列足下，令人心曠神爽，真宇宙奧區、古今勝處也。

圖中金山寺建築風格獨特，殿宇廳室櫛比鱗次，亭台樓閣依山而建，呈現樓上有閣，閣外有亭的格局；構成一組橡摩棟接，交相輝映的精緻建築群。江水環繞寺檻之外，若登高峰一覽，則樓臺殿閣森列足下，又可見江面乘載遊人的行舟競發。

圖4-1-20　《集成・山川典》金山圖

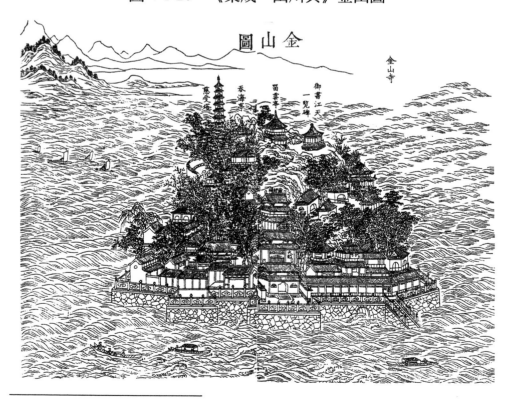

〔註11〕「北固山圖」圖版內容可參本文第三章第三節之說明。

　　三山中林木蓊鬱、古蹟眾多的焦山（圖 4-1-21），據第 104 卷〈焦山部‧彙考〉云：

> 焦山，在今江南鎮江府城東九里大江中。漢焦光隱此，故名。舊名
> 樵山，宋改爲譙山，又名浮玉山。

圖中焦山蒼松翠竹，江面帆船點點，與焦光事蹟有關的三召洞和焦祠隱蔽在山陰林叢中。〔註 12〕

圖 4-1-21　　《集成‧山川典》焦山圖

　　《集成‧山川典》將此三山分別繪示，其特點立見；北固山圖取景重點以三國故事之遺跡爲多；金山圖以輝煌的塔寺建築爭長；焦山圖則以蔥蘢山林與巉巖起伏取勝。參考《南巡盛典》卷 98「江南名勝」一篇，亦將金山與焦山二圖分別繪刻，然其圖版制式風格明顯。細察其建築景觀皆是朝著同一個方向以方塊式寫繪，且構圖線條筆直規矩，無法將金山寺藏山、焦山山隱

〔註 12〕 參〔明〕王圻，《三才圖會》，地理卷 7，「焦山」一篇云：「三召洞，洞石谽豁，
　　　　 容可數人。中像隱士光，在漢末，嘗三召不起，故洞名焉。」

寺的特色顯現，較《集成》圖版遜色不少。

　　除了《集成》與《南巡盛典》外，諸多古籍插圖皆是將三山併於一圖，如《三才圖會》地理卷 7，鐫刻有「京口三山圖」（圖 4-1-22），圖考則將北固山、金山與焦山分別記述。《圖書編》卷 60 南直隸各郡諸名山圖後，所附之「三山圖」（圖 4-1-23）即鎮江之三山。又旅遊導覽書的《海內奇觀》卷 2，同樣將此三山刻畫於一圖中（圖 4-1-24），並有「金山焦山北固山圖說」一篇。遊記類《名山勝概記》所附《名山圖》一卷，亦雕繪一幅「京口三山」圖（圖 4-1-25）。各槧所附之「京口三山圖」，除了《圖書編》以兩個全葉版面繪刻外，其餘三圖皆是以一個全葉呈現。畫面均是三山夾江相峙，將焦山置於圖版右側，景點著重於岸邊之吸江亭；中央下方坐落著北固山，以甘露寺景為重點；左側則繪金山，以山頂金山寺最為突出。

圖 4-1-22　《三才圖會・地理卷》京口三山圖

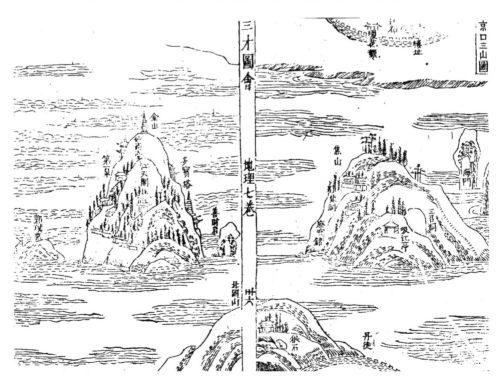

圖 4-1-23 《圖書編》三山圖

圖 4-1-24 《海內奇觀》京口三山圖

圖 4-1-25　　《名山圖》京口三山圖

（二）虎丘山

　　蘇州虎丘山自古即是著名的遊覽勝地，其山石、池水、亭閣皆有悠遠的歷史傳說。〔明〕袁宏道〈虎丘記〉一篇云：

　　　　（虎丘）凡月之夜，花之晨，雪之夕，遊人往來，紛錯如織。〔註13〕

《集成‧山川典》第95卷〈虎丘山部‧彙考〉亦稱：

　　　　虎丘山，在今江南蘇州府城西北九里，一名海湧山，又名武丘山。
　　　　相傳吳王闔閭葬于此。葬三日，有白虎蹲踞其上，因名。或云：秦
　　　　始皇嘗登此，將發吳塚，有白虎出焉。今其山中有劍池，古鶴澗及
　　　　千人石諸勝。遊者常絡繹不絕云。

參「虎丘山圖」（圖 4-1-26），中央有一巨石平敞，即千人石，據說可供千人列座，圖中石上坐臥數人交談賞景（參小圖）；又描繪有劍池、古鶴澗、虎丘塔、萬壽亭等。全幅溪澗夾流，小路迤邐，亭臺樓閣遍布山間。

　　虎丘山既為遊覽勝境，歷來各類古籍對於其圖版的收錄亦豐，如《三才

〔註13〕〔明〕袁宏道，〈虎丘記〉，收於《袁中郎全集》，（臺北，偉文，1976），頁 429
　　　　～432。

圖會》地理卷 7 收有「虎丘山寺圖」一幅（圖 4-2-27），由於圖版只有半葉，構圖視野較小，山上僅虎丘寺塔較為突出，圖版下方有數人於舟上遊憩。雖圖名標為「虎丘山寺圖」，然對於該處寺院的著墨並不多。《海內奇觀》卷 2 之「虎丘圖」（圖 4-1-28），繪有一長型千人石，此圖主要用以示意地理位置。將虎丘山據於圖版左上一側，右上有蘇州府，圖版下半部標示著太湖，以水岸風光和遊船為主。而《名山圖》所繪刻的「虎丘圖」（圖 4-1-29），則以虎丘山上聚集的廟宇寺塔建築為主，下方水岸間泛動遊船數艘。再觀察《南巡盛

典》卷 99「江南名勝」一篇，鐫刻有「虎邱」一圖（圖 4-1-30），畫面極為規整，從望山橋、山門、試劍石到虎丘寺塔，山徑筆直，屋樓整齊排列，像是物品陳設圖般，而不似一幅古蹟遍布山間的名勝圖。

圖 4-1-26 《集成‧山川典》虎丘山圖

圖 4-1-27　《三才圖會・地理卷》
　　　　　虎丘山寺圖

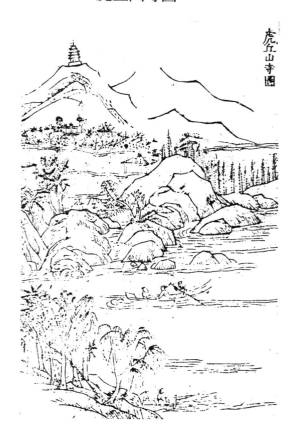

綜觀上述圖版，《集成》之虎丘山圖，以宏敞的千人石爲中心，四周環列著密集的園榭軒館，並將熙來攘往的遊人點綴其間，焦點集中在虎丘山的古蹟風景刻畫。《海內奇觀》之虎丘山圖，則以景點導覽和地理位置的標示爲主，沒有特重於某個部分。《三才圖會》半葉圖版中，亦無呈現虎丘山圖特出之景。而《名山圖》之虎丘圖雖山水之景皆收，然忽略此處著名的千人石與劍池等等，頗屬可惜。最末《南巡盛典》虎邱一圖雖繪刻細膩，但嚴謹規整的構圖模式，使圖版了無自然之趣，易令觀圖者望而乏味。

圖 4-1-28　《海內奇觀》虎丘山圖

圖 4-1-29　《名山圖》虎丘山圖

圖 4-1-30　　《南巡盛典》虎邱圖

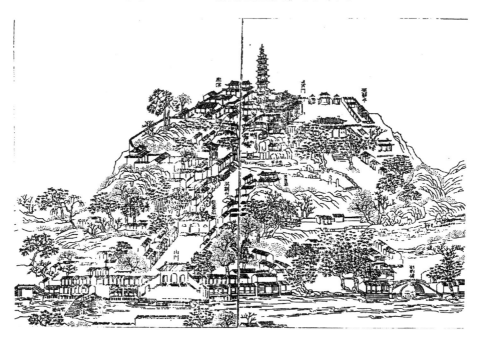

　　《集成》之繪圖者，對於圖版的繪刻，能夠根據眾多文獻內容詳加考證，廣博地擇錄相關之圖版資料。在一個山部中，以一個〈彙考〉附一幅插圖的分考方式，便利讀者查找相關資料以及圖版之參考。確實做到類書查考資料的便捷性與完整性，此點是明代附圖類書《圖書編》與《三才圖會》所不及者。除了廣收圖版，《集成》亦能精繪其要，京口之三座名山，既然各具風貌，遂突破既定格局，將江上屹立相望的三座山分別繪刻圖版，讓觀圖者能更深入了解其個別特色。又馳名於世的虎丘山古蹟，《集成》構圖者在固定的版面形式下，捨棄遊船畫舫的描繪，僅取其主要景觀做一突顯。相較其他古籍所鐫刻之虎丘山圖，除了重點景觀顯而易見外，亦能不失生動之趣。

第二節　《集成‧山川典》版畫的寫實與藝術

　　《集成‧山川典》山水版畫，主要是呈現一山之地勢形貌，故表現中國多樣的地質型態與地理特色，乃插圖繪刻的主要目的之一。要能呈現地理形勢又能不失圖版的藝術欣賞價值，便有賴繪圖者精湛的觀察力以及鐫刻者靈巧的刀工。《集成‧山川典》的插圖，能夠將多樣的地形如：海中島嶼、河谷

水勢、山巖洞穴等景觀，從寫實出發，進一步創作出新穎富有變化的畫面。以下擬將《集成·山川典》插圖中，呈現刻畫寫實與藝術美感並進的圖版，舉較具有代表性者分析此一特點。

一、掌握山形特色

　　物體的外在形象是人們最基本的認識，對一座山初始的認知便是先從山形觀察，因其山體形貌印象，而得其名。例如：《三才圖會》「蓮峰山」一篇的描述：「下妥上銳，望若蓮花然，故名。」〔註14〕其山形若一朵綻開的蓮花，特立於群峰之間；又如《集成·山川典》的〈雪山部·彙考〉云：「山巔積雪，四時不消，故名。」因其常年積雪而得此名。除此之外，《集成·山川典》插圖，還有像動物之形體或事物之形狀者，多能如實地將山名之特色呈現，令人望而知曉，兼具寫實性與藝術性。

（一）像動物之形者

　　《集成·山川典》第26卷之「鳧山圖」（圖4-2-1），據〈鳧山部·彙考〉云：「鳧山，以形如飛鳧故名。」〔註15〕圖中最高峰聳立，狀若鳧鳥渾圓的頭部與尖長的喙子，左右峰石則像其展翅欲飛之貌。又第54卷之「熊耳山圖」（圖4-2-2），〈熊耳山部·彙考〉亦云：「形如熊耳，故名。」圖右上方突起兩座圓錐狀的峰石，形狀如張開的熊耳。再觀察第82卷之「牛首山圖」（圖4-2-3），據〈牛首山部·彙考〉稱：「牛首山，……舊名牛頭山」，圖中山巔十數株樹木，以聚集的仰葉點畫法呈現密如牛毛的樹林，兩座峰頭東西相峙，形狀若剛發出之牛角，整體的確形似牛頭上長著一對牛角。該圖版山巒的表現，皆以較粗長的線條勾勒土坡的起伏，再以細而短的牛毛皴筆法表現坡的走勢與陰影。並以各種點葉法如：菊花點、松葉點、密竹點等，呈現山間繁茂的樹林，在山林掩映間還有眾多的寺觀建築。

〔註14〕參〔明〕王圻，《三才圖會》，地理卷11，「蓮峰山」一篇。
〔註15〕鳧鳥俗名野鴨，又可稱水鴨。形狀如鴨而略大，喙寬而扁平且短。

圖 4-2-1　《集成‧山川典》梟山圖

圖 4-2-2　《集成‧山川典》熊耳山圖

圖 4-2-3 《集成・山川典》牛首山圖

圖 4-2-4 《名山圖》牛頭山圖

今比較《三才圖會》之「牛首山圖」，〔註16〕其「牛首山圖考」云：

初名牛頭，以雙峰竝峙若牛角然，佛書所謂江表牛頭是也。

然觀其圖版，無圖考所指形似並立牛角的雙峰。僅以長線描刻表現山石之形狀，峰石邊緣略刻點幾筆以呈現陰影。對山林植物的寫繪種類亦有多種，而寺觀部分則相當簡化。再參考《名山圖》中的「牛頭山圖」（圖 4-2-4），圖版中央有兩座較明顯的峰巒，右側山勢較高者，以大斧劈皴表現，左側則以圓滑的線條呈現低緩的山形。同樣無法與突出牛角的峰形相互聯想。其廟宇的繪刻更為粗略，屋頂甚至沒有雕繪磚瓦紋路。而《南巡盛典》之「牛首山圖」（圖 4-2-5），〔註17〕圖版右側山峰渾圓而高聳，左側則山勢平緩。此幅對於山巒線條刻畫相當細膩，除了有長披麻皴、小斧劈皴、磐頭劈等方式外，還有棧道、聚石、廟宇、寶塔的寫繪。然全幅樹木生長的太過於筆直，且對於建築物與植物皆刻意講求觀其全貌，整體略顯刻板。

圖 4-2-5　《南巡盛典》牛首山圖

綜觀此五圖，論寫實，則《集成》牛首山圖山如其名，令觀圖者印象深

〔註16〕參〔明〕王圻，《三才圖會》，地理卷6，「牛首山」一篇。

〔註17〕參〔清〕高晉等，《南巡盛典》，卷101，「江南名勝」一篇所附之「牛首山圖」。

刻。其餘四圖，或許因為構圖角度的差異而看不出頂如牛首的峰巒。又《集成》對於山勢的線條表現雖不如《南巡盛典》的豐富，但植物的生態及廟宇的寫繪，相對表現較《南巡盛典》自然。

另有像雞之足趾者，觀看《集成‧山川典》第196卷之「雞足山圖」（圖4-2-6），據〈雞足山部‧彙考〉云：

> 一頂三支，宛如雞距，故名。又名九曲巖。相傳佛大弟子迦葉波守
> 佛衣于此，以待彌勒云。

圖中山形前端近排列三組山巖，後方伸立出一座高嶺，形似雞足前方三爪岔出，後伸一爪之四趾形貌。全幅峰巒攢簇，林木以夾葉點、鼠足點、胡椒點與藻草點等豐富的勾勒方式，呈現茂密感。又佛塔、廟寺與樓閣坐落於山崗之間，恰巧呼應此處佛教名山之盛名。

圖4-2-6　《集成‧山川典》雞足山圖

參照《海內奇觀》之「雞足山圖」（圖4-2-7），〔註18〕圖中前面三組山巒

〔註18〕參〔明〕楊爾曾，《海內奇觀》，卷10，「雞足山」一篇。

的排列與《集成》相比，較為平行，各組峰巒的大小與形體平均，較少參差感。而林木的表現則頗為豐富，另外還點綴了不少策杖、擔囊與騎驢之遊人。而對於寺廟建築則多以正面形式描繪整體，感覺較為呆板。再觀察《三才圖會》的「雞足山圖」（圖 4-2-8），〔註 19〕其山巒走勢基本上與《集成》相同，但洞穴與山徑僅以一至兩條長線及圓弧線表示，且寺廟線條亦較顯單調，樹木的種類則僅有山巒間排列的杉樹以及山腳橋亭邊的柳樹。而《圖書編》所附之「雞足山圖」（圖 4-2-9），〔註 20〕其圖考云：「前紓三距，後伸一支，若雞足。」然觀圖版，僅著重於寺庵的標示，全幅峰巒鋪列，看不出雞足之形。

綜論此四幅圖，《圖書編》的圖版，若無一併參閱圖考，則不知此以山形似雞足之特色著稱；而《海內奇觀》與《三才圖會》雖皆能具體呈現雞之足爪立於地之形貌，然前者峰巒的走勢失於講求平均，後者則對樹石刻畫太過簡略。《集成》所寫繪層峰盤錯、林木樹叢之景，較能近似實際山體之樣貌。

圖 4-2-7　《海內奇觀》雞足山圖

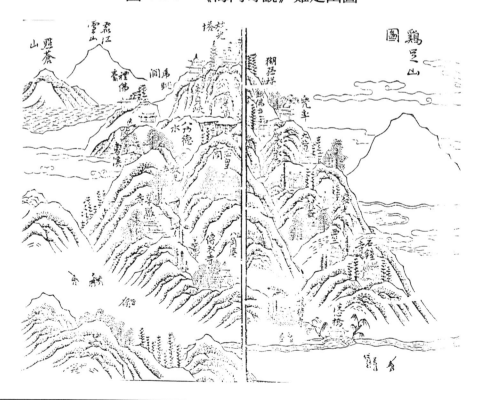

〔註 19〕 參〔明〕王圻，《三才圖會》，地理卷 12，「雞足山」一篇。
〔註 20〕 參〔明〕章潢，《圖書編》，卷 67，「雲南各郡諸名山圖」後。

圖 4-2-8　《三才圖會·地理卷》雞足山圖

圖 4-2-9　《圖書編》雞足山圖

　　《集成・山川典》中，對於像動物形體的圖版，除上述諸圖外，另有第
25 卷的「龜山圖」，圖中山側之巨石突出，〔註21〕似烏龜上爬貌；以及第 94
卷之「狼山圖」，其山形似狼。《集成・山川典》對於山體的繪刻，皆能妥切
而又不過於呆板的表現。

（二）像事物之形體

　　《集成・山川典》第 45 卷之「析城山圖」（圖 4-2-10）。按《山西通志・
山川》言：「析城山……山峰四面如城，高大而峻，迴出諸山。」〔註22〕此圖
山勢高峭，山巔處地勢平坦，不生草木，四周環崖則林木茂興。山形奇特之
處乃環繞著山頂的巖石形狀方矩，堆疊有秩，似城牆包圍著山。而第 82 卷之
「天印山圖」（圖 4-2-11），據《讀史方輿紀要》引《誌》云：「形如方印，一
名天印山。」〔註23〕圖中央山頂乃一巨大山石，四方平整，有如一塊方印壓
上。又第 171 卷之「月巖圖」，圖左上岩壁開出一洞，仰望似圓月當空，即如
〈月巖部・彙考〉所云：

　　　　形如圓廩，下有洞，洞上有穴，旁有東西二門，入門仰望如見月，
　　　　然相傳周子畫太極圖即擬此巖也。

　　另外還有瑰異的桂林七星巖景觀，像是七塊巖石隕墜於湖面，列岫如北
斗星狀（第 192 卷之「七星巖圖」圖 4-2-12）。據〈七星巖部・彙考〉云：「其
山七區，連屬曲折，列峙如北斗狀。」此圖山峰巖塊巧布於湖面上，岸上構
亭數楹，又有湖心一亭，巖洞石室間似引石為梯，相互通達。其湖面坐山，
山腰有洞，洞內穿河，景觀甚為奇特。細察其亭臺、寺觀，座落方向不一，
有的則僅露出屋簷一角。為突顯其洞穴深度，故將穴中三分之一的屋宇以洞
口之岩石遮掩。對於樹木花草的繪刻亦是相當的細膩，有岩縫間的鹿角樹枝、
水岸邊的垂柳、山徑邊各種蘆草、夾葉等等。

〔註21〕關於「龜山圖」圖版的說明，可參本文第三章第四節中「詳標縣界名稱之圖
　　　　版」一段。
〔註22〕轉引自《集成・析城山部・考》下所錄之《山西通志・山川》。
〔註23〕參〔清〕顧祖禹，《讀史方輿紀要》，卷 20〈江南二〉，（臺北，新興，1967），
　　　　頁 82。

圖 4-2-10 　 《集成·山川典》析城山圖

圖 4-2-11 　 《集成·山川典》天印山圖

圖 4-2-12　《集成・山川典》七星巖圖

圖巖星七

　　今比較《三才圖會》之「七星巖圖」（圖 4-2-13），〔註 24〕是書圖考對於此處景觀有精當的描述：

　　　　其峰嶙岣，森列碁布，如隕星麗地，錯落凡七。其中一峰宏開巖壑，

　　　　虛明昭曠，可容數百人。嘉石穹窿，清泉映帶，誠一方之奇觀也。

圖版中，磯臺邊緣以幾近塗黑的方式，表現浮出水面的高度陰影，而洞穴、山石的線條則無特殊之處，皆是以單線勾勒其形，並用牛毛皴法鑿於邊緣。再觀察《海內奇觀》之「七星巖圖」（圖 4-2-14），〔註 25〕其山形與《集成》相似，以雨點皴法表現岩石表面，同樣布置多處亭閣、寺宇，但仍舊以正面四方的角度呈現，林木的表現多用對稱平均的方式繪刻。細察各圖，《三才圖會》在山稜起伏處的線條鐫刻簡略，石塊的表現亦較為平面，缺乏線條粗細變化，而且林木的布置細碎，石室、洞穴則看不出其深邃感。《海內奇觀》一圖失之於建築物與樹木的呈現太過平均。《集成》此圖，山石線條細緻連貫，樹木花草密集且變化多樣，又將石穴中的景物以若隱若現的方式著筆，展現其幽邃之感。

〔註 24〕參〔明〕王圻，《三才圖會》，地理卷 12，「七星巖」一篇。
〔註 25〕參〔明〕楊爾曾，《海內奇觀》，卷 10，「七星巖」一篇。

圖 4-2-13 《三才圖會・地理卷》七星岩圖

圖 4-2-14 《海內奇觀》七星岩圖

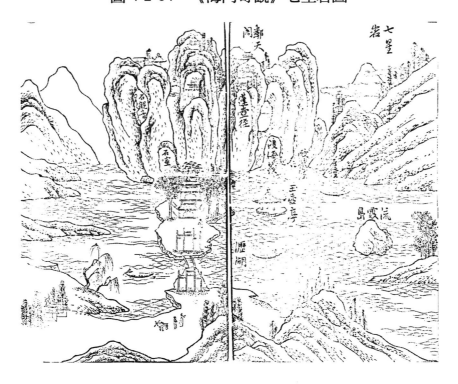

《集成・山川典》對於掌握山形特色的表現，尚有第 153 卷的「赤壁山圖」，有江岸邊大片的石壁；第 154 卷的「赤嶼山圖」，其岩壁挺出如一鼻形，以及第 186 卷像蓮花綻開的「蓮峰山圖」等，同樣能令覽圖者觀之即曉其山形之特點。

上述各櫱之插圖中，同一座山雖有畫面構圖相似者，但論線刻細膩程度，多以《集成》爲佳，《三才圖會》並不甚講究線條的表現，山勢地形、岩石、建築以至林木等的線刻都較爲粗糙簡略。相較之下，《海內奇觀》的圖版則能有較爲繁複的粗、細線刻表現，頗爲可喜；而《南巡盛典》之插圖則顯得精細有餘，生動不足了。

二、強調水勢之圖版

《集成・山川典》僅在個別山部繪刻圖版，對於江海河水之流域因爲源流曲折，涵蓋地區極廣，無法盡收一圖。〔註26〕然許多山脈座落於臨海之際或河流間的峽谷段，故水激山險之特色《集成》亦多有收錄。筆者統計所附之二百一十三幅插圖中，對於水流波浪有所描寫者約八十幅，〔註27〕亦即超過三分之一的圖版皆能將山勢與川流的水勢結合，是書「水部」雖不收圖版，然針對這些繪刻山水相接的插圖，覽圖者亦能對該處水勢之特性有所了解。

（一）對於海岸浪濤的刻畫

中國的東南方臨海，東南沿岸多座山面海而起，銜接海洋邊緣的陸地，有的奔水嚙石，有的岩岸陡險，其地勢奇詭與水波強弱緩急的衝擊力，構成一幅震攝人心的畫面。參照《集成・職方典》第 183 卷「山東總部」所附之「山東疆域全圖」（圖 4-2-15），其右側沿岸分別有蓬萊閣（即蓬萊山）、之罘島（即之罘山）、成山、勞山與瑯琊臺（即琅琊山）。《集成・山川典》對於山東沿海此五幅插圖，有相當大面積水波紋的刻畫，如第 28 卷之「成山圖」（圖 4-2-16），據〈成山部・彙考〉云：

> 其山斗入海，因始皇鞭石造橋，後人又呼爲神山，池志亦作盛山，
> 山旁多礁島，爲海道極險處。

〔註26〕參《集成・凡例》第 24 則：「一水之中，源流曲折，灌漑之利，阻險之資，所關尤鉅，非圖可悉。」以及本文第三章第一節之説明。

〔註27〕此處所指之水流波浪，系爲該圖中有海浪、湖泊、河流、溪澗等水流線條者。

圖 4-2-15　《集成‧職方典》山東疆域全圖（局部）

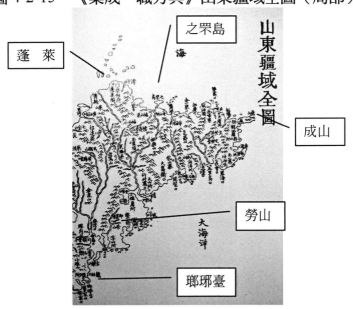

圖 4-2-16　《集成‧山川典》成山圖

此處又稱爲成山角，圖中三面環海，山邊一岬角伸入黃海，海面上礁石林立，水流湍急連綿至天際處。又第29卷之「之罘山圖」（圖4-2-17），據〈之罘山部・彙考〉指：「四面環海，峭峰堆青，劈海而座，有徑通頂。」圖中有松卉隱翳於山谷間，山背峭壁若斧削而成，下方緊臨汪洋。

圖4-2-17　《集成・山川典》之罘山圖

其中，第28卷之「琅琊山圖」（圖4-2-18）據〈琅琊山・彙考〉云：「岡背坦平，三面臨海，峰巒環峙。」右側山勢嶕嶢特起，築有一高臺即琅琊臺也。其臺邊牆垣線條筆直平行，臺上欄杆、樓梯及石碑的鐫刻亦相當細膩。圖左側遼闊的海灣爲龍灣，離海灣較遠處的水面，刻工利用平直的線條，使水面看來具有陽光照射後波光粼粼的樣貌。距離峽岸較近處，則使用密度較高的弧線堆疊表示海波急速迴旋。比較《三才圖會》之「琅琊山圖」（圖4-2-19），〔註28〕其山海方位之配置恰與《集成》相反，左側山邊有一座亭臺，應即指琅琊臺一處，然構圖簡略，屋頂下僅有四根腳柱支撐。右側海波浪的表現亦無遠近之分，皆是像竹編貌，每組波浪以左右交錯的線條表示浪之起

〔註28〕參〔明〕王圻，《三才圖會》，地理卷8，「琅琊山」一篇。

伏,較為單調。

圖 4-2-18 《集成·山川典》琅琊山圖 圖 4-2-19 《三才圖會·
地理卷》琅琊山圖

而第 29 卷之「勞山圖」(圖 4-2-20),據〈勞山部·彙考〉云:

峰巒洞壑,競秀爭奇,上多名人題詠,山頂有石層疊如樓台,曰華
樓。

圖中山嶽造型豐富,群峰盤薄相互連亙,峰巖利用馬牙皴、亂柴皴與小斧劈
皴等方式呈現。樹石夾道,森嶂週迴,植物以丁香枝、杉樹點、梧桐點等各
種夾葉畫法。又有多處巨石如席,錯落布列。圖左入海處峭然一峰即為勞頂,
其岩壁尖突,呈現海水侵蝕的樣貌。海水的繪刻以抖動的弧線層層堆疊而上,
遇拍擊險灘的水流,則用迴勾的「之」字刻法表現。比較《三才圖會》之「勞
山圖」(圖 4-2-21),﹝註 29﹞圖版中的海與山以對角方式構圖,左下角山地的
亭臺,與右上角海水的表現,與同帙之「琅琊山圖」幾乎無異,僅是畫面角
度配置之差別而以。概《三才圖會》為坊刻本,為將出書時間縮短、工價壓
低,致使部分插圖構圖重複,章法雷同,甚至也可能是將局部雕版拼湊續用,
版刻質量因此不若官刻之書細緻。﹝註 30﹞

﹝註29﹞ 參﹝明﹞王圻,《三才圖會》。地理卷 8,「勞山」一篇。
﹝註30﹞ 參王伯敏,〈中國古代版畫概觀〉,收於中國美術全集編輯委員會編,《中國美
術五千年》第二卷繪畫編下,(北京,人民美術,1991),頁 598。

圖 4-2-20　　《集成・山川典》勞山圖　　圖 4-2-21　《三才圖會・地理卷》勞山圖

　　再觀察群峰旋繞屹如千尺樓臺的蓬萊山（第 30 卷之「蓬萊山圖」圖 4-2-22），山麓有一座規模宏大的宮室建築，建築群中寺觀、大殿、閣樓層層堆砌極爲講究；《三才圖會》「蓬萊山」一篇即云：「上有金臺玉闕，乃神仙之都，上帝遊息之地。」細察盤互於危崖邊的坪臺邊緣，還綴以密佈的塊狀欄杆，山谷間坐落著許多鐘樓、宮觀，另有巉巖、潮水環繞其間。以富有轉折的粗厚線條凸顯山石峻挺，再合併使用短促的線條表現石塊面的分割角度。水波紋的表現又與前述圖版略有不同，圖版上緣留白，以突顯天際之高遠，遠處的水紋以類似瓦片般層疊覆蓋，接近島嶼的海浪翻攪加劇，以像虎爪般的圖形作爲潮頭，將海潮做了細密精緻的刻畫。比較《三才圖會》之「蓬萊山圖」（圖 4-2-23），〔註31〕圖版明顯是爲了呼應其圖考所云「神仙之都」，在下方一團海浪處，如手舉火炬般，架立著蓬萊山，山底部懸掛著數十個若鐘乳貌的岩石，其輪廓線與山岩塊面分割線條並不明確。山之四周則布滿星宿，是一幅想像中的海上仙山。

〔註31〕參〔明〕王圻，《三才圖會》，地理卷 8，「蓬萊山」一篇。

圖 4-2-22 　《集成‧山川典》蓬萊山圖　　圖 4-2-23 《三才圖會‧
地理卷》蓬萊山圖

　　上述諸圖，各山之地理位置雖皆座落於山東沿海處，然《集成》對於水勢的刻畫能利用各種水波紋線條，表現海浪沖擊岩壁後的姿態。加上各圖之水流方位與水勢之差別，《集成》之繪圖者皆能悉心的構圖，刻工根據地理特性做線條粗細、曲直的呈現，呈現一圖一景的新穎畫面。相較於《三才圖會》的圖版，對於海水和岩岸的處理，則類似輿圖中海域與陸地的刻畫，僅用一條長曲線畫分兩者，針對海水濤湧的形象，亦略以規律的左右平形線表達，甚為刻板。

（二）對於河谷沖刷的刻畫

　　中國山川地勢中，最著名的峽谷河段即屬黃河流域，其勢如破竹劈開萬仞高山。最為人知曉者，即似風吼馬嘯的壺口瀑布（第 36 卷之「壺口山圖」圖 4-2-24），據〈壺口山部‧彙考〉云：

　　　　其山西崖之腳，受黃河之水傾瀉奔放，自上而下勢如投壺，故名壺口。
此說將壺口瀑布之形象躍然紙上。圖中央水域上寬中窄，上方河流段水波平緩，而緊接著洪流驟然被兩岸所束縛，加上高度落差極大，河水翻騰傾湧，漩渦四起，如同壺中之水傾瀉而出。而左上空白處有幾筆像微風撫過的仰頭線雲氣，筆者據此想像為，一壺熱茶注入杯中所騰起之煙霧，隨之即散。

圖 4-2-24　　《集成・山川典》壺口山圖

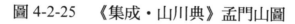

圖 4-2-25　　《集成・山川典》孟門山圖

圖 4-2-26　《集成‧山川典》呂梁山圖

　　又第 38 卷之「孟門山圖」（圖 4-2-25），圖中河床上，有兩塊梭形石宛若島嶼，巍然屹立在巨流中，兩石迎著洶湧滔天的泥流，依舊昂首筆挺。被巨石分洩的水流，以較粗密的弧形線條表示其力道。而圖版上方如靈芝形狀的勾雲，將整幅圖版呈現如由天際奔來之水直洩而下。

　　再觀察第 45 卷之「呂梁山圖」（圖 4-2-26），據〈呂梁山部‧彙考〉云：

　　　其山巨石崇竦，壁立千仞，河流激盪，震動天地。

全幅山徑曲迴、岩壁凜然，以粗筆勾勒山石之形，再輔以細線描繪岩塊角度，例用大量的馬牙皴表現蒼勁的山勢，再用短直線的雨點皴呈現岩壁的粗糙。瀑布如階梯般堆疊而下，其間遇石塊而激起水花，則以上勾的爪形表現，過了瀑布段之水，其波流則以平行鋪排的線條顯示水勢漸趨平緩。

　　又有激流拼搏的龍門山（第 38 卷之「龍門山圖」圖 4-2-27），據〈龍門山部‧彙考〉云：

　　　其山兩峰壁立，上合下開，河水逕流其間，形如門闕，其峰東西相
　　　去不過百步，而巨浪奔濤，旦夕衝激巖鳴谷。

瀑布源頭之兩側山石壁立，形如一道巨門，河水由此急奔而下，圖中山頂標示著此處之別稱「禹門」二字，往下之山麓座落著寺廟、祠宇和樓臺，頗為詳細。

刻工不厭其煩地利用細密的長短線條勾勒山石，瀑布兩側的岩壁用「乀」字型
表現陡峭之貌，而山麓旁前後重疊的山坡，則用較為平緩的折帶皴表現鬆軟的
質感。樹林的表現亦是豐富且茂盛的，有單株植物，也有連成帶狀樹叢。圖版
中央的各建築物皆可看到其全貌，此構圖方式，讓觀圖者採取一種俯視的角度
欣賞，〔註32〕與先前的圖版多以平視的角度觀察水勢有所區別。而飛崩而下的
瀑布，每層線條的弧度皆有差異，第一段水口處被石塊遮掩，第二段短小，第
三段略為開展，第四段較上層傾斜，第五段即注入河道並激起鷹爪般的水花。
河道之水流利用抖動且聚散的線條呈現繁密的水紋。比較《三才圖會》之「禹
門圖」（圖 4-2-28），〔註33〕山巒線條鬆軟而無力，對於山石層次的表現僅以幾
刀帶過，建築物的地點亦不如《集成》明確。圖版中間一道河水斜流而下，水
波紋以仰躺的「S」型和「L」型表現，不若《集成》之層次分明。

圖 4-2-27　　《集成‧山川典》龍門山圖

〔註32〕關於這類俯視角度的圖版，《集成‧山川典》第 25 卷之「尼山圖」及第 121
　　　　卷「天台山圖」等，皆是採用此法，圖版說明可參考本文第三章第四節「標
　　　　示景點之圖版」一段。
〔註33〕參〔明〕王圻，《三才圖會》，地理卷 8，「禹門」一篇。

圖 4-2-28 《三才圖會·地理卷》禹門圖

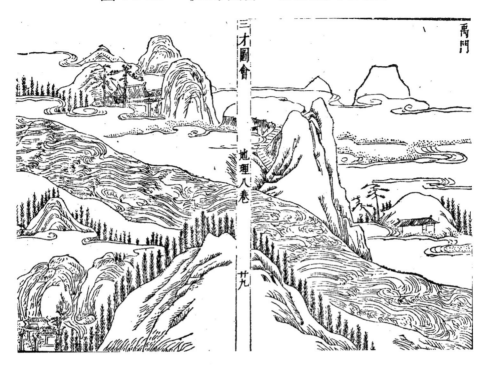

再觀察第 39 卷之「底柱山圖」（圖 4-2-29），據〈底柱山部·彙考〉云：

> 特立大河中，其形如柱故名。西北有三門，三流並湧，乃禹鑿之以
> 通河者。

圖中最明顯者為一石挺立與水中若擎天之柱，河水如三束玉練於巨石縫間洩出，在石柱前匯流。山石以粗黑且方矩的馬牙皴表現，雲氣呈水平分布，飄於圖版上方邊緣處，並有舒緩起伏。水波紋的表現有三種層次，石柱上方的水域以細密平直的線條表示流淌的河水；三處水口洩出之瀑布注入河水處，以及衝激石柱之處，以密集勾勒的虎爪型表現水流激阻下的樣貌。而瀑布至石柱之間的水勢，則以密布的魚鱗狀表現湍急而下的水流。利用不同層次的水波紋暗示空間及力道。比較《三才圖會》之「砥柱圖」（圖 4-2-30），〔註 34〕構圖模式基本上與前幅「禹門圖」相同，皆是水由左上方流動至右下方。圖中水流像是過山洞般行經三道石門，與《集成》圖版中，自石縫洩出的三道水流表現方式截然不同。細查其水波紋，以分布平均的魚鱗表現其波折，極為制式化。

〔註34〕參〔明〕王圻，《三才圖會》，地理卷8，「砥柱圖」一篇。

圖 4-2-29　《集成‧山川典》底柱山圖

圖 4-2-30　《三才圖會‧地理卷》砥柱圖

　　黃河中游河段因前段河水湍急，繞過河彎迅速流向河南平緩地形，水勢驟緩泥沙漸淤積河底，因此中游河段長久易泛濫成災。呈現在圖繪上，從中游以上到中游河段皆有獨特變化的風貌。《集成》在表現河水流經各山時，針對各處河口寬窄的變化以及峽谷的轉折，皆有工緻的表現。不同地勢所流經的河水，刻工運用迅捷的刀法詮釋，觀圖者無不被驚湍的水勢所震攝。而《三才圖會》的圖版，雖有滾滾河水川流而下的形象，但對於該處的地理特色及水勢的表現皆差強人意。〔註35〕

　　前述《集成》各幅山形水勢諸圖，雖皆為分散的單景，但諸圖渾然成趣，看不出重覆性；遍覽各圖，能從其中體會出繪刻者的巧思創意及筆觸的生動與靈巧。繪者根據實際的環境，針對不同的地區選擇不同的特點，採取各種角度描繪，創新寫景。從現實中觀察到的具體景物，加以剪裁，讓圖版具有強烈的記錄性，卻又不似地圖那樣追求地理上的準確而失去生動活潑；因此，在構圖方面是比較自由及新穎的。刻工除忠實呈現畫稿原貌外，在操刀方面，又可以任意勾劃，達到木刻版畫的特殊效果，具有很高的藝術價值。準確無誤地描寫，未必是山水版畫的要求，然而躍於紙上者，的確是真實存在的地勢風貌，《集成》在這一方面表現高度的技巧，它讓覽圖者彷彿親臨山邊水岸，飽覽山水之自然風貌。

第三節　《集成‧山川典》版畫的取材與形式

　　《集成‧山川典》所繪刻的山水插圖，是目前所知彙集各地山水插圖內容最完整，數量最豐富之古籍類書。〔註36〕其成書年代較晚，又作為欽定類

〔註35〕此處所探討水勢之插圖，因《海內奇觀》、《圖書編》、《名山圖》與《南巡盛典》皆無收錄相關圖版，故筆者僅以《三才圖會》之圖版做一分析比較。究此三帙不收圖版之原因，筆者以為《海內奇觀》以旅遊導覽為主題，著重的是五嶽、西湖、錢塘、普陀山等歷來著名的旅遊與宗教朝拜勝地。山東沿岸與黃河河套地區因地勢險隘，水勢驚駭，以當時的交通便利性而言，較不適宜旅遊。《圖書編》在山東、陝西兩篇僅收泰山、尼山與華山等較知名的山圖。而《名山圖》以名勝之蹟為主，上述地點亦非列名蹟之處，故亦不收。《南巡盛典》以乾隆南遊路徑所經之名勝為主，上述水勢諸圖亦無收錄。

〔註36〕《三才圖會》地理卷1至5所收為各省輿圖及各府境圖。自卷6至12開始收有各地之山水形貌圖，筆者統計有220幅圖，然其中有8幅圖內容明顯是輿圖的路線圖或城市圖等形式，如卷6的「順天京城圖」、「京都眾水圖」、卷8的「闕里形勝總圖」以及卷9的「會稽圖」等等。

書，故所能參資的圖書資料範圍，必定比民間書籍之編纂更爲廣博。〔註 37〕
是帙不論版面構圖上的取材參考；圖版內容上的多元主題，以及圖版形式上
的整齊統一等，皆能有相當完備的表現。以下試就《集成・山川典》插圖的
取材、內容與形式上的特點做一論述。

一、構圖參仿其它古籍中的插圖

就現存文獻資料，僅知《集成》圖版的繪製者均是清康熙、雍正時期宮
廷內的繪鐫聖手，〔註 38〕宮廷內的名工巧匠雖有來自各地者，但對於境內之
山川風貌，若無實際造訪或參考相關圖籍資料，很難憑空臆造圖版。況就欽
定之書而言，對於資料的擇錄多有其出處考證，且圖版亦須根據相關文獻之
描述進行寫繪。〔註 39〕筆者就目前所見古籍山水插圖資料比對《集成・山川
典》插圖，發現部分圖版明顯有參考其他書籍圖版之軌跡。〔註 40〕

（一）參考《三才圖會・地理卷》之插圖

《集成・山川典》插圖中，有二十三幅圖版參考自《三才圖會・地理卷》
之插圖（參【表 4-3-1】）。〔註 41〕是書自卷 6 至卷 12 收有山水插圖兩百餘幅，
圖版繪刻地點同樣遍布直隸至雲南各省。根據〈三才圖會序〉之版心下刻有「金
陵吳雲軒刻」，以及〈地理圖序〉版心署「秣陵陶國臣刻」之字樣，判斷是書刻

〔註37〕 《集成》初稿爲陳夢雷於皇三子允祉處侍讀時期，利用親王府協一堂藏書及自
　　　　 己的家藏書籍約一萬五千多卷所纂。約於康熙四十年（1701）開始，至康熙四
　　　　 十五年（1706）初稿完成，其後再經長時間補充修訂，於康熙五十五年（1716）
　　　　 進呈，欽定改名爲《古今圖書集成》，同年立館加工。裴芹認爲此時朝廷肯定提
　　　　 供一些修訂補充用的文獻。可參陳夢雷，《松鶴山房文集》所收之〈進匯編啓〉
　　　　 以及裴芹《古今圖書集成研究》一書中〈《古今圖書集成》編纂考〉，頁 36。
〔註38〕 關於《集成》圖版之繪刻者，可參本文第三章第一節「《集成》編纂述要」之
　　　　 說明。
〔註39〕 關於《集成・山川典》圖版與文字的關係，可參本文第三章第一節「《集成・
　　　　 山川典・彙考》內容插圖關係」之說明。
〔註40〕 關於《集成・山川典》附圖採自他書之情形，林曙雲於「名山圖跋」一篇亦有說
　　　　 明，認爲〈山川典〉附圖 200 幅，有 31 幅即採自《名山圖》，其餘部分出自明萬
　　　　 曆時刻的《三才圖會》，還有部分不知採自何書。此篇跋語收錄於《中國古版畫
　　　　 叢刊》第 2 編第 8 輯中的《名山圖》一卷，（上海，上海古籍，1994），頁 4。
〔註41〕 孫永忠辨明：「《三才圖會》係歷朝上第一部以圖像爲主體之類書。後世《古
　　　　 今圖書集成》繼此風，多處以《三才圖會》爲參考依據，並引用或化用《三
　　　　 才圖會》的圖譜。」參孫永忠，《類書淵源與體例形成之研究》，（臺北，輔仁
　　　　 大學中國文學研究所博士論文，2005），頁 232～235。

於金陵。其圖刻線條多數較爲簡略樸直，且圖版部分有單葉及雙葉等構圖形式，與《集成‧山川典》細膩繁複的全葉圖版似難有交集；然《集成》繪圖者取材的方式爲：參考《三才圖會》版面的布局，再將圖版做更細部的描繪與擴充。

　　舉「武功山圖」爲例，《三才圖會》此圖左側半山腰處蓄有一水塘，下方有一方形巨石，巨石右側的峰巒如筍尖、如排屏狀相簇擁著，圖版前處則有一水繞流而過。參對《集成》此圖亦然，只是各處的線條更爲嚴謹而細緻。又「安樂山圖」，《三才圖會》圖左側上方的洞穴中有一張椅子，下方洞穴有兩人對坐交談，《集成》圖版上方洞穴則多繪一張桌子，下方洞穴中同樣有兩人對坐交談，其中一人手中增添執著塵的姿態。其他如洞穴右側石壁上的魚形；水岸邊的石桌棋局；山谷間的坡徑、樓臺、峰巒起伏貌等，無論位置與形狀皆極爲相似。《集成》將《三才圖會》的半葉構圖擴展爲全葉，洞穴之左側空間即爲《集成》所發想的畫面。再看「壺公山圖」，《三才圖會》之圖版中央最突出者乃一峰形如笏板，其下之洞穴中有曲折的欄杆，洞穴右側有一池水，洞口前另有一水流過。《集成》此圖增添了洞穴左側，即山之後方水流轉彎而下的情景，突出的笏形山峰便配置於圖版的右側。

　　筆者認爲，關於這些圖版的雷同絕非巧合，無論是泉水與山石的位置與形狀；山壁峰巒的走勢與勾勒，甚至洞穴中物件及人物的鋪排等等，皆是如出一轍。《集成》的繪圖者必定是實際參考《三才圖會》的圖版，將版面做更整體的擴展，並增添細部的遠山及草木。

表 4-3-1　《集成‧山川典》與《三才圖會‧地理卷》圖版相仿對照表

《集成‧山川典》	《三才圖會‧地理卷》
卷 66 武功山圖	卷 8 武功山圖

卷 79 仇池山圖	卷 8 仇池山圖

卷 129 三衢山圖	卷 9 三衢山圖

卷 134 仙都山圖	卷 9 仙都山圖

卷 135 西山圖

卷 10 西山圖

卷 146 馬當山圖

卷 10 馬當山圖

卷 147 龍虎山圖

卷 10 龍虎山圖

卷 151 蟠龍山圖	卷 10 蟠龍山圖
卷 152 大庾嶺圖	卷 10 大庾嶺圖
卷 153 大別山圖	卷 10 大別山圖

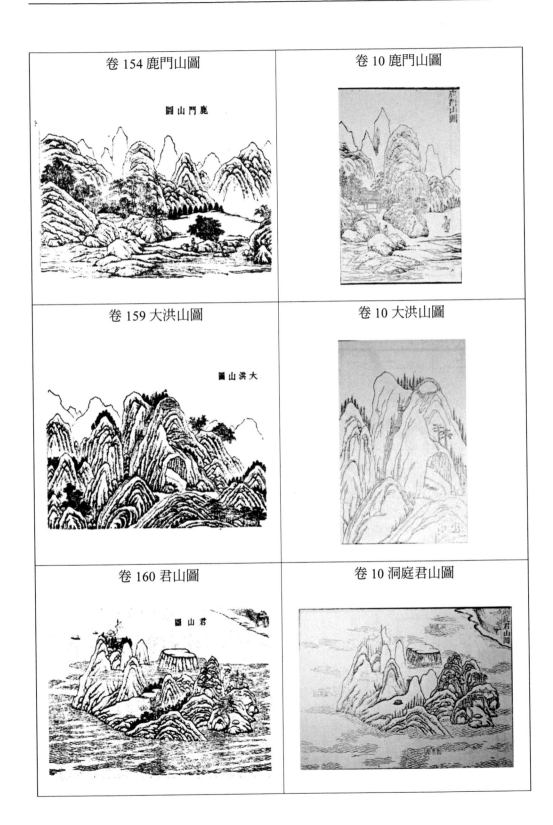

卷 154 鹿門山圖	卷 10 鹿門山圖
卷 159 大洪山圖	卷 10 大洪山圖
卷 160 君山圖	卷 10 洞庭君山圖

卷 171 雲山圖	卷 10 雲山圖
卷 178 雲臺山圖	卷 11 雲臺山圖
卷 178 平蓋山圖	卷 11 平蓋山圖

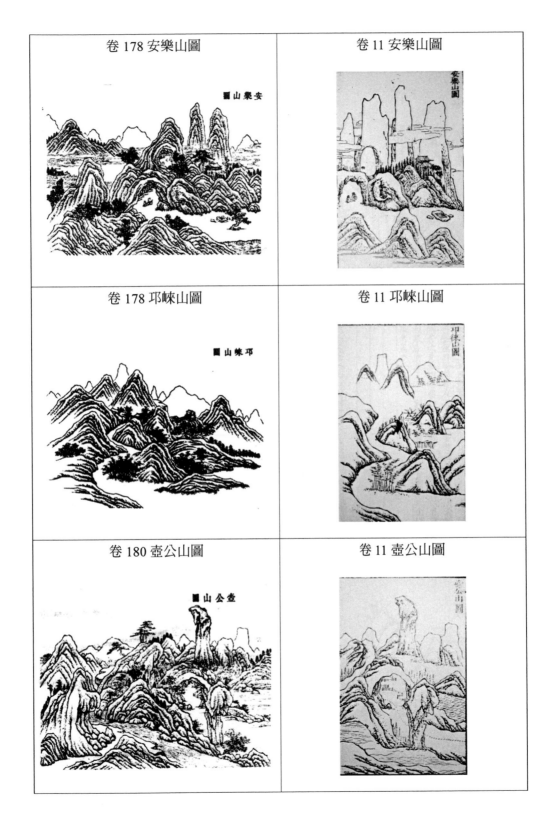

卷 178 安樂山圖	卷 11 安樂山圖
卷 178 邛崍山圖	卷 11 邛崍山圖
卷 180 壺公山圖	卷 11 壺公山圖

卷 196 方丈山圖	卷 12 方丈山圖

（二）參考《名山圖》之圖版

　　《集成‧山川典》除了參考《三才圖會》的圖版外，亦從《名山圖》中取材不少。《名山圖》圖首有篆字題識：

> 名山圖仿自舊志。黃山、白岳出鄭千里、吳左干。天台、雁宕出趙
> 文度、杜士良。匡廬、石鐘出陳路若、黃長吉。赤壁、浮槎出藍田
> 叔、孫子眞。餘皆劉叔憲重摹，單繼之補寫，咸一時名士勝流云。
> 崇禎六年春月墨繪齋新摹

墨繪齋爲杭州當時著名刻書鋪，題記中所錄十人均是一代名家，其書係收集各地山志中十位畫家所繪插圖摹刻而成，共有五十五幅合葉連式的名勝圖版。〔註42〕《集成》與是帙相雷同的圖版有三十一幅（參【表4-3-2】），其畫面構圖幾乎一致。

　　以「燕山圖」爲例，燕山位於京師之東北方，《名山圖》與《集成》之圖版右下方皆繪有繁榮的順天府城，左下側有一座多孔拱橋，城牆外圍至橋邊有密集的屋舍以及擔囊、騎馬、推車的行人。兩幅圖版從山勢、城樓、雲煙、屋宇、水流等畫面，無一處不同。再舉「鍾山圖」說明，此圖最明顯處爲圖版下半部的明太祖孝陵，牆外往陵寢之內是三座平行拱橋各通一門，入口左

〔註42〕關於題記中所提到的 10 人，其所分別寫繪之圖版可參考《中國古版畫叢刊》
　　　　第 2 編第 8 輯中的《名山圖》一卷之〈名山圖跋〉。鄭振鐸，《中國古版畫叢
　　　　刊》，（上海，上海古籍，1994），頁 1。

右兩側有石獸各一，圍牆內則為排列有序的建築群。同樣地，兩者圖版無論拱橋、石獸、林木皆有相同的表現。其他如「茅山圖」的飛鳥成群、「黃山圖」的雲海怪石、「洞庭兩山圖」（即《名山圖》之「包山」）的舟帆點點、「南鴈蕩山圖」（即《名山圖》之「雁宕」）的高聳寶塔、「石鐘山圖」的水石相搏、「羅浮山圖」的田疇數頃、「阿盧三洞圖」的鐘乳洞壁、「飛雲巖圖」的石態詭異等，兩軼圖版皆有一致的表現。

表 4-3-2　　《集成‧山川典》與《名山圖》圖版雷同對照表

《集成‧山川典》	《名山圖》
卷 12 盤山圖	盤山圖
卷 12 燕山圖	燕山圖

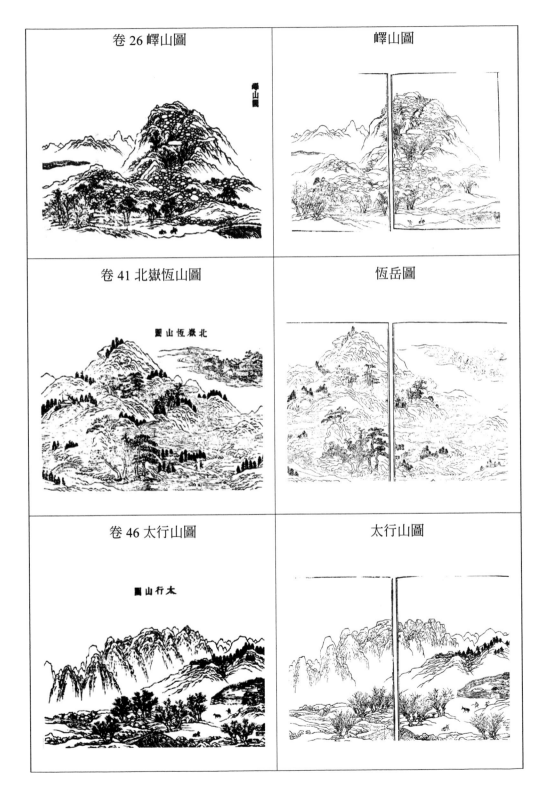

卷 26 嶧山圖

嶧山圖

卷 41 北嶽恆山圖

恆岳圖

卷 46 太行山圖

太行山圖

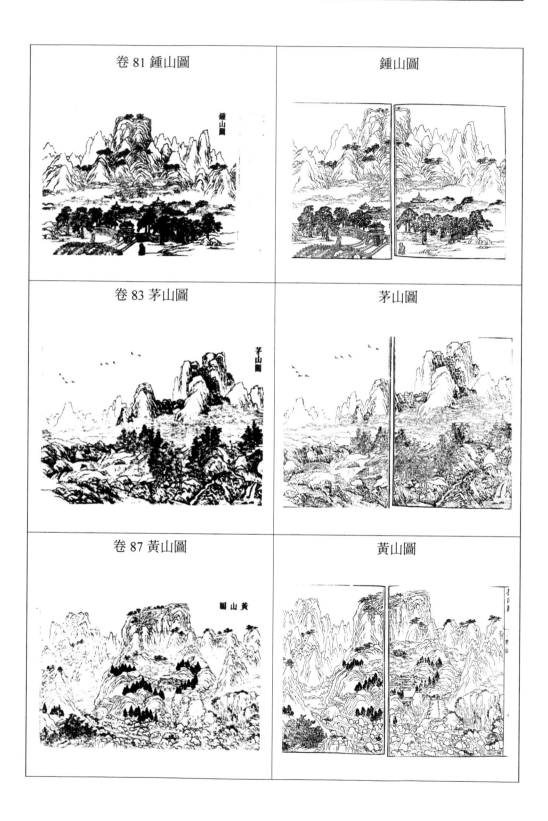

卷 81 鍾山圖	鍾山圖
卷 83 茅山圖	茅山圖
卷 87 黃山圖	黃山圖

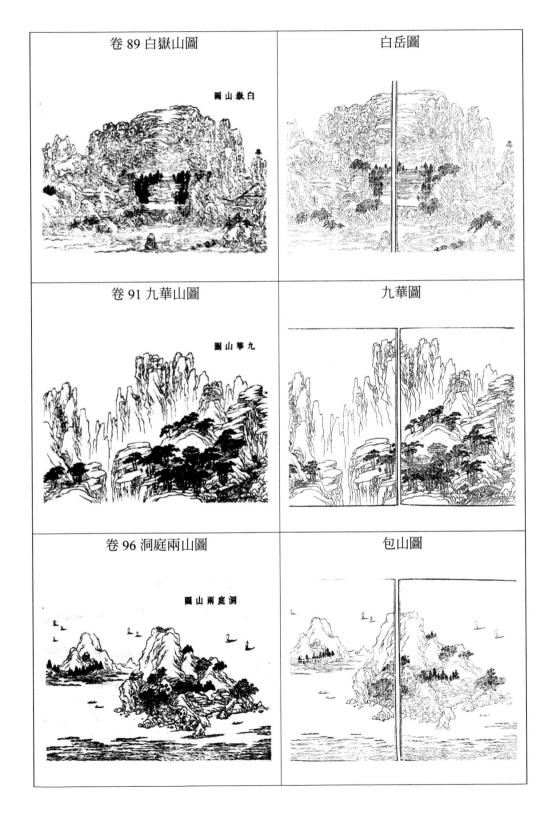

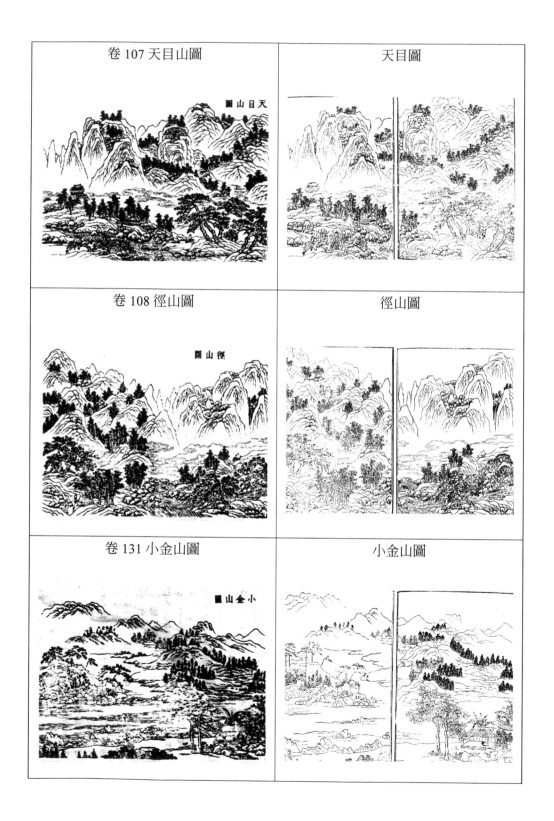

卷 107 天目山圖	天目圖
卷 108 徑山圖	徑山圖
卷 131 小金山圖	小金山圖

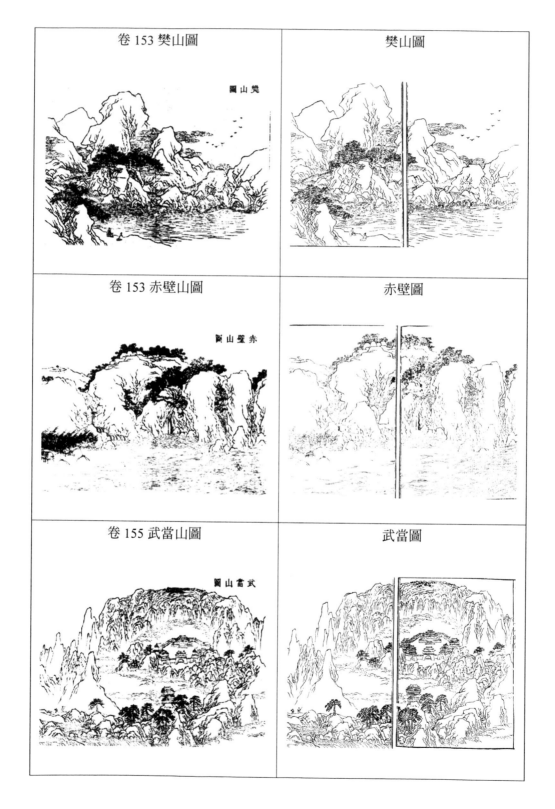

卷 153 樊山圖　　　　　樊山圖

卷 153 赤壁山圖　　　　赤壁圖

卷 155 武當山圖　　　　武當圖

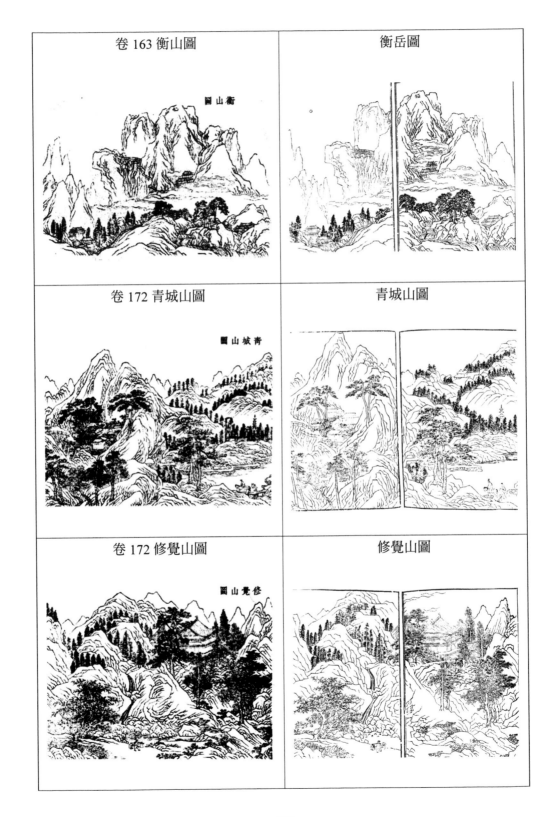

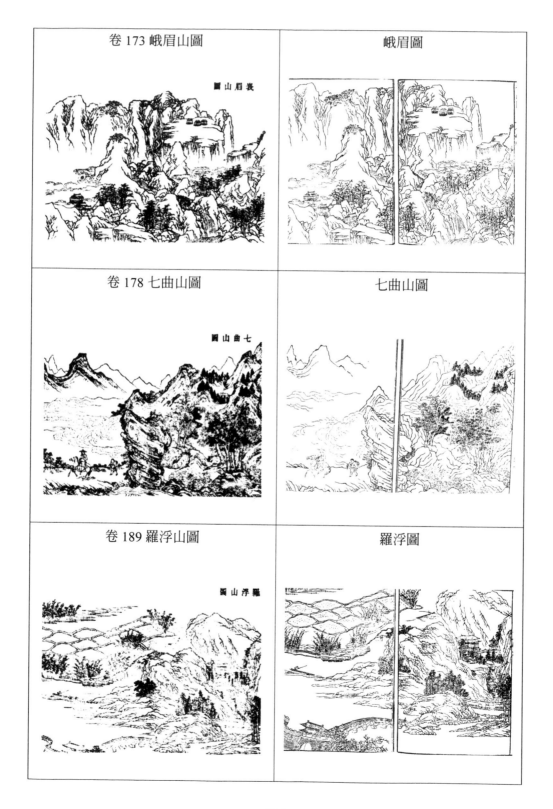

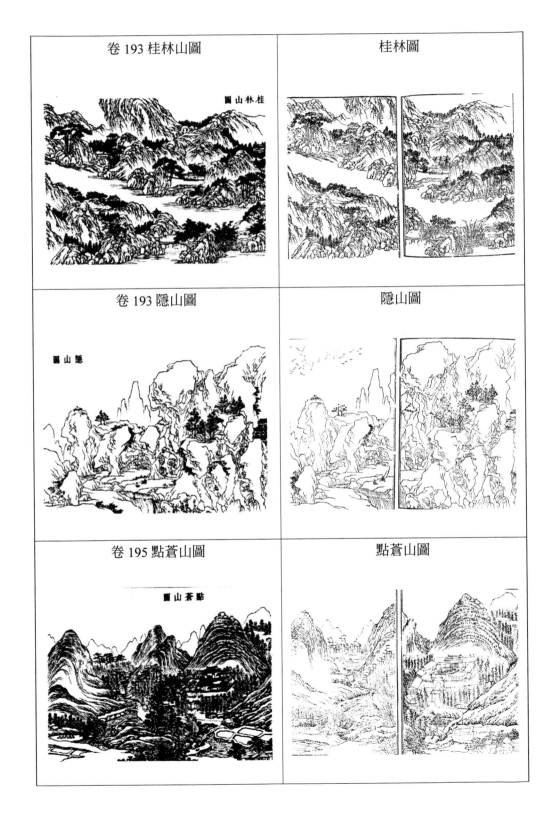

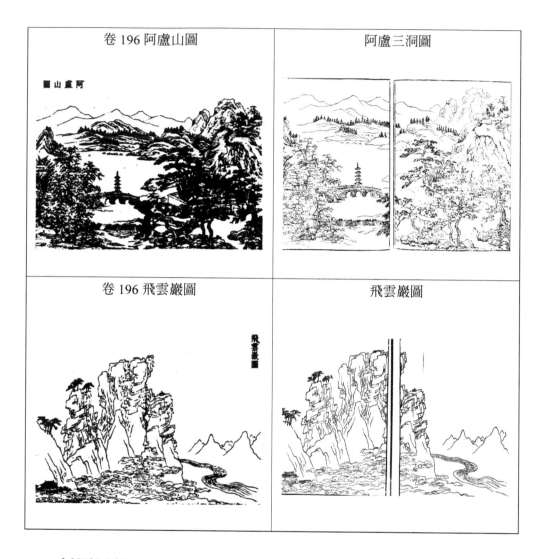

二、插圖涵蓋內容廣泛

　　明末清初山水版畫產量大增，山水插圖附於不同的書籍中便乘載著不同
功能。例如：方志中的插圖即與畫譜中的山水插圖功能有所區別，而旅遊導
覽書籍中的名勝圖其作用又與戲曲小說中，以故事背景為主的山水園林插圖
不同。而作為古代類書之集大成者的《古今圖書集成》，以圖文印證的方式繪
刻山水插圖，讓讀者了解各地山川風貌；除了在資料的採輯能多方取材外，
對於插圖的繪刻亦能包羅諸類書籍，呈現多元的內容。以下試列點整理《集
成‧山川典》之插圖內容的表現。

（一）以導覽為主者

旅遊導覽書籍中的插圖，其功用為讓讀者有導覽之取資；或者，無法親身遊歷者能藉此以提供圖上臥遊。《集成‧山川典》即繪刻有具導覽性質的圖版，將縣界、山峰、景點及寺廟名稱標示，讓覽圖者能知悉該山之地理方位與主要景觀的位置。

（二）以表現山川形勢為主者

附於各類方志中的插圖，乃是為了更明確地表現該處之山川形勢、名勝古蹟、佛寺道觀等特色，期能於文字不足之處，藉插圖輔之。《集成‧山川典》有完整五嶽、五鎮及各地宗教名山的圖版，對於該處之歷史遺蹟、人文風貌有著詳實的表現。

（三）以表現故事內容為主者

戲曲、小說中的山水園林插圖，引領讀者進入切合作品意境的畫面中。《集成‧山川典》的圖版有對於該山之相關戰事、仙道傳說，甚至文學作品中的敘述，以虛實相生的寫繪手法，添綴靈活的人物與船隻、几席等物件，付予讀者無窮的想像空間。

（四）以表現畫面美感為主者

畫譜中的山水版畫，多仿名家山水畫式，是專為傳習繪畫筆法與欣賞書畫作品的書籍。《集成‧山川典》能將一山之特色風貌做重點式的構圖，有如一幅精緻的山水畫，讓圖版有強烈的視覺效果。而刻工在版刻上亦表現細膩勻稱、纖勁工麗的線條。對於學習繪畫者在版面上的布局，亦能有所助益。

（五）以提供資料考察為主者

類書編輯的目地是在使用者所需之時能迅速查考到各類相關的資料。《集成‧山川典》對於上古聖賢事蹟，雖歷來眾說難有定論，繪圖者能根據諸說，寫繪相關圖版，供讀者一併參考。此外，對於各種地質形態的寫繪技術表現，如：河床受河流侵蝕下切的臺階、或傾斜的岩層、甚至各類岩質的景觀，其描繪皆極為高妙，〔註43〕在觀覽圖版之際，亦能對該山之地質風貌有所知悉。

綜觀上述五類圖版內容，可知《集成‧山川典》插圖內容多樣，集合各類山水插圖於一書，將圖版的審美功能與圖解功能並重。展現了寫實性、藝

〔註43〕關於《集成》圖版對於地質學之表現，可參李約瑟，《中國之科學與文明》第
　　　 6 冊，（臺北，臺灣商務，1972），頁 219～223。

術性、功能性、故事性與知識性等特點。不僅滿足讀者的審美需求；加深對文字的理解，也對古代山川地理的研究附加了參考價值。

三、圖文編排形式嚴謹

《集成‧山川典》插圖編排順序自北往南，由東向西，且兩百一十三幅圖版形式全數皆以雙幅合葉繪刻，無一幅特例，是經過系統且秩序化的安排。而圖文編排方式爲先列一段〈彙考〉文字，說明該山部之重要資料，如：所在地點、歷史淵源或各種傳說等。對此山部有基本的認識後，緊接著觀賞該山之圖版，因〈彙考〉內容多能與該圖版所表現的畫面有所連結，故圖文並參的編排方式讓讀者加深對該山部的印象。圖版之後，再收錄歷來各書所記錄該山之重要資料，如：《山海經》、《水經》、相關方志與各類地理志籍的記載。至此，讀者對於該山之重要地理資訊已能掌握。

《集成‧山川典》此種經過縝密規劃後的編排，當是參考歷來諸多附有插圖的古籍類書，甚至地理類門圖籍的模式而來。既是參照其他附有山水插圖的書籍，故多能取他書之優點加以發揮，並儘量避免他書所出現缺漏之處。例如：《圖書編》多爲先圖後文的配置，然卻出現有圖版與該圖之文字說明相隔多葉的狀況，〔註44〕或一連數幅圖版才出現文字說明，〔註45〕閱讀起來頗爲不便。且圖版由單葉至多葉連圖不等，例如「泰山圖」爲一葉圖版，而「華山圖」則繪刻四葉圖版，「嵩山圖」後另有太室山與少室山兩幅分圖，對於圖版篇幅並沒有一定的規範。

再比較同爲類書的《三才圖會‧地理卷》，是書皆以先圖後文的方式編排，編排方式已有統一。然多數插圖爲半葉，僅有部分圖版爲一個全葉數甚至三個全葉，針對圖版的繪刻篇幅亦無法看出其規律。〔註46〕且《圖書編》與《三才圖會‧地理卷》山水插圖間，偶有參雜少數路線圖或城區圖的圖版，〔註47〕

〔註44〕例如：該書卷60「三山圖」後方的文字爲南直隸諸山之內容，翻閱數頁後才有金山、焦山及北固山之說明文字。而多數圖版卻又是圖版後緊接著該圖之說明文字。

〔註45〕例如：該書卷64連續出現「歷山圖」、「塗山圖」、「四明洞天圖」、「客星岩圖」、「石蕩山圖」、「鴈蕩山圖」後，才開始有圖說。

〔註46〕《三才圖會》出現三葉連圖的圖版爲：「西湖圖」與「會稽圖」。

〔註47〕例如：《圖書編》卷61「尼山圖」後有「國朝闕里廟制圖」。《三才圖會》地理卷6，有「後河圖」等，非山水版畫的情形。

閱讀起來易令人有雜蕪之感。然則，《圖書編》文字資料採摭繁富，而《三才圖會》圖版收錄亦屬豐厚，《集成》應是參考此二帙之體例，取其優點加以發揮，並改良其缺漏之處。

　　《海內奇觀》的圖版雖多有佳構，針對部分遊覽勝地能以多個連續圖版詳盡寫繪。〔註48〕而其圖文配置的方式亦缺乏統一，時有將圖版夾附於圖說中間者；意即先有一段圖說，欲往後翻閱時，則出現圖版，接著才又是前段未完之文字說明。如此一來圖說內容無法暢意閱讀，在觀看圖版時又需前後參閱文字解說，不如《集成·山川典》來的有系統。又是書卷首目錄與實際內文亦有出入，如卷首目錄標示第八卷收有「赤壁圖說　一在湖廣黃州府黃岡縣爲蘇東坡賦處　一在武昌府嘉魚縣爲周瑜破曹操處」，此段文字易讓讀者認爲該書附有黃州及武昌赤壁二圖，續參其內文則僅有〈黃鶴樓岳陽樓赤壁磯圖說〉，圖版亦僅有一幅繪示黃州赤壁之地理方位的插圖。筆者以爲，因《海內奇觀》一書重於提供行遊資料，故對於地點之考證並沒有花太多篇幅說明。同樣屬於遊記類的圖書《名山圖》一卷，因爲是附於《名山勝概記》之前，如欲參閱文字，便須往後閱讀相關地點之遊記詩詞，唯是蕐圖版繪刻形式皆爲合葉連式，若將其獨立視爲一本山水版畫欣賞，亦頗爲愜意。

　　做爲古代類書之集大成者的《集成》，因爲成書年代較其他古籍類書較晚，又爲皇帝欽定之書，故其所能參資的文獻較他書多而廣；其編輯排印亦有較多的資金與人力。因此，無論是圖版的取材；內容的涵蓋；編校上的規模等，皆能有優異的表現。

〔註48〕如是書卷3「西湖十景」便繪刻有「蘇堤春曉」等十景。

第五章　結　論

　　中國古籍山水版畫從已知的宋代時期作品，發展到清代早期，由醞釀、成熟至完備，歷經七百多年的時間，作品題材眾多，數量豐富。明代是山水版畫發展的關鍵期，因爲社會、經濟的發達；畫家參與繪稿；以及雕刻技藝的精進，無論是方志、類書、畫譜或詩詞文集，都創作出不少精緻又饒富趣味的佳構。清代早期的山水版畫，上承明代繪刻工藝，將應用範圍拓展，使內容更趨多采，並開始強調工麗與縝密之美。雍正四年（1726）武英殿刊本之《古今圖書集成》，其〈山川典〉中的山水版畫，作爲一部卷帙宏富的類書插圖，又寫繪與雕版皆出於宮廷聖手巧匠，確屬清殿本版畫之精品。

　　本文將《集成・山川典》的山水版畫，依寫繪內容作分類；按〈山川典〉所收錄的圖版種類相當多元，不僅僅是單純表現山川地理形貌，更有風景之外的刻畫。從古代君王禪天封地的五嶽、五鎮圖版，到各地馳名的宗教名山；其次，將故事性的素材納入圖版，如傳頌多時的歷史戰事；神異怪誕的仙道奇聞及文學作品所敷衍的傳說事蹟，《集成・山川典》皆能取具有代表性的人物或場景來以圖敘事。《集成・山川典》雖非旅遊導覽書，但仍強調圖版的導覽功能。對於一山由多個山嶺峰巒組成者，則悉數標示地點；遇該山橫跨多個州縣城府者，則於圖版四周標明界址；若圖繪多處景點與寺廟者，便標記景點或建築名稱，令覽圖者能加以辨識。可知《集成・山川典》具備豐多雅美的圖版種類。

　　《集成・山川典》共有兩百七十九個山部，計收錄兩百一十三幅山水插圖，大約接近八成的山部附有圖版。在類書插圖數量上的表現，比《三才圖

會》（兩百零九幅）及《圖書編》（三十幅）更多。〔註1〕若與周遊山川水景的
導覽書相較，亦勝於《海內奇觀》的一百五十八幅，以及《名山圖》的五十
五幅；另圖文相映的帝王巡遊記錄《南巡盛典》一書，則有一百五十五幅山
水版畫。《集成‧山川典》的山水版畫，在與類書地理門類與遊記書籍中，可
謂有冠絕古今的山水插圖數量。

　　就各幅圖版布局的賞析，筆者以爲《集成‧山川典》的插圖，提昇山水
版畫藝術價值的層次，若將圖版脫離文字獨立欣賞，其圖像的審美旨趣比圖
解的功能更形突出。在形象表現上，繪圖者多能選擇精要之處著筆，予人醒
目、強烈的視覺效果，表現構圖的簡潔。各幅之山形水勢，雖皆爲分散的單
景，但採取各種角度描繪，又有山水畫平瞰、景深的概念。創新寫景的手法，
欣賞時能領略寫繪者的巧思及創意。在線條表現上，刻工的操刀，以多變的
刀法勾劃，不論是線條挺拔的雄偉形象；形同斧劈的奇險之勢；起伏緩和的
柔秀之美；隱閉曲折的幽奧之景，還是視野開闊的平曠之地，皆能表現其態
勢。甚至細微曲折的烟雲、樹石、水勢亦能描繪如生，充份顯現刀刻之靈活。
在畫家與刻工巧妙完美的合作下，爲《集成‧山川典》山水版畫增添趣味性
和審美性，具有很高的藝術價值。

　　又《集成‧山川典》在地點的考據上，出現因爲收錄不同說法的地點考
證，而附有多圖者。書中文字與圖版的相互詮釋，此種圖文參照方式，提供
更多層面的研究參考。如李約瑟即在《中國之科學與文明》一書大量徵引關
乎科學技術之文獻或圖表，他認爲就地質學之觀察與記載，《集成‧山川典》
的插圖，能察看出許多地質上的奇景，例如：河流沖刷作用、海蝕臺拱、玄
武斷崖與石灰岩區等。〔註2〕可知，《集成‧山川典》的圖版爲後世研究考察
地質型態者，提供具體而微的線索。中國地域之遼闊，名迹勝景之眾多，有
限人生，焉能遍遊？但借助《集成‧山川典》的插圖，使我們得以窺見二百
年前中國各地山嶽的風光。同時這些版畫資料，也爲了庭園百工等技藝工作
者，提供了設計的範本，使之有更多觀念傳承的依據。可知，《集成‧山川典》
亦富有文獻徵引及科技教育之功能。

〔註1〕《三才圖會》地理卷6～12，每一地點皆收有一幅相對應的圖版，但有部分爲
　　　　城市圖、水域圖等非山水景觀的圖版，筆者統計屬山水插圖約209幅。《圖書
　　　　編》卷59～67中，每卷之名山總後，收錄之山水插圖，亦有部分爲地理形
　　　　勝區與宮闕圖，筆者統計屬山水版畫者約30幅。
〔註2〕李約瑟，《中國之科學與文明》第6冊，（臺北，臺灣商務，1985），頁220～221。

　　《集成・山川典》的插圖，除具有上述之價值與成就外，更具有突破殿本版畫制式風格的特色。《集成》是帝王「欽定」的圖書，圖版蓋出自宮廷一流畫家和能工巧匠之手；然而，清宮殿本版畫常有畫面規整、鋪陳拘謹、平穩構圖等制式化之弊病。但經筆者仔細觀察，《集成・山川典》於此一掃前弊，以構圖靈活、風格多樣見長，殊少出現清殿本版畫模式化的情形。一方面，部分圖版之構圖參仿其他古籍中的插圖，就現存資料所知，至少有取自《三才圖會》與《名山圖》二帙之部分圖版。其次，《集成・山川典》兩百一十三幅圖版，涵蓋中國北至南十五個省的山川形貌，地理範圍極爲廣闊；不若《避暑山莊三十六景詩》、《圓明園四十景詩》，以及《南巡盛典》等各帙中的山水版畫，屬特定的皇家園林，或者曾是皇帝親歷之景點，於畫面的構圖上，多講求一絲不苟的寫實。宮廷畫家在對《集成・山川典》圖版佈局時，因爲多數地點不可能親赴考證，故多透過文獻史料去構畫山嶽之風貌。也因爲如此，畫家在寫繪圖版時，可納入諸多素材，例如有山水畫法的構圖方式以及融入輿圖繪製的元素等等，甚至有可能加入自我創意。

　　《集成》以收錄豐富的文獻史料以及嚴謹的編排形式所著稱，而〈山川典〉插圖的功能，主要讓讀者能具體了解各山嶽的形象。其圖像在留影存眞之外，還可以提供讀者視覺上的享受，吸引閱讀的興趣，甚至提供一個馳騁想像的空間。這些圖版的繪圖與鐫刻過程，是現今照相機隨時可拍的便利生活中，所窺想不到的難度。然而，因爲《集成》插圖的幕後貢獻者，與告竣時間，缺乏相關資料得以查考，故多未有較深入或具體之研究。筆者以此爲出發點，將《集成・山川典》山水版畫做一個較全面的整理與研究，試圖在此中，探究其內容表現與各項價值。

　　綜上述，可知《集成・山川典》的圖版有著：內容多元；數量豐富；提升藝術表現層次；文獻資料參考，以及突破殿本版畫風格等諸多特色。歷來，對中國古籍山水版畫之作品探討，不若對人物版畫作品考究之蓬勃，多數僅在藝術史或山水畫之專題中，以比較、舉例等配角方式出現。而類書中的山水插圖內容，亦不如戲曲、小說及譜錄等古籍中的插圖，獲得廣泛的研究。山水版畫在整體版畫的研究領域中，尚有很多值得開發的空間；因此，筆者的研究過程中，將《集成・山川典》與諸部相關古籍中的山水版畫作逐一的比對和分析，所得到的結果可說是第一手資料。若研究與報告或仍有不盡之處，但不揣淺陋，拋磚引玉係期望激發學界爲這塊待開發的研究注入更多的活水。

參考書目

一、古籍文獻（以朝代及著者年代之先後為主排序）

1. 〔周〕左丘明，《國語》，《四部備要》史部第 282 冊，臺北：臺灣中華，1965 年。

2. 〔漢〕司馬遷，《史記》，《二十五史》，臺北：藝文，1982 年。

3. 〔漢〕劉向，《列仙傳》，《叢書集成新編》第 100 冊，臺北：新文豐，1985 年。

4. 〔漢〕班固，《白虎通義》，《國學基本叢書》178～180，臺北：臺灣商務，1968 年。

5. 〔漢〕鄭玄，《周禮》，《四部叢刊初編》第 1 冊，臺北：臺灣商務，1965 年。

6. 〔晉〕皇甫謐，《高士傳》，《筆記小說大觀》第 1 冊，臺北：新興，1974 年。

7. 〔晉〕葛洪，《抱朴子》，臺北：中國子學名著集成編印基金會，1978 年。

8. 〔晉〕葛洪，《神仙傳》，《叢書集成新編》第 100 冊，臺北：新文豐，1985 年。

9. 〔晉〕陶淵明，《陶淵明集校箋》，臺北：里仁，2007 年。

10. 〔南朝〕沈約，《宋書》，臺北：藝文，1982 年。

11. 〔南朝〕任昉，《述異記》，《叢書集成新編》第 82 冊，臺北：新文豐，1985 年。

12. 〔魏〕酈道元，《水經注》，《叢書集成新編》第 40 冊，臺北：新文豐，1985 年。

13. 〔唐〕姚思廉，《梁書》，臺北：藝文，1982 年。

14. 〔五代〕劉昫等,《舊唐書》,臺北:藝文,1982 年。

15. 〔宋〕李昉等,《太平御覽》,臺北:臺灣商務,1968 年。

16. 〔宋〕歐陽修等,《新唐書》,臺北:藝文,1982 年。

17. 〔宋〕歐陽修,《新五代史》,臺北:藝文,1982 年。

18. 〔宋〕蘇東坡,《蘇東坡全集》,臺北:世界,1964 年。

19. 〔宋〕蘇東坡,《東坡志林》,《叢書集成新編》第 86 冊,臺北:新文豐,1985 年。

20. 〔宋〕郭若虛,《圖畫見聞志》,合肥:安徽美術,1995 年。

21. 〔宋〕鄭樵,《通志》,臺北:里仁,1982 年。

22. 〔宋〕韓拙,《山水純全集》,臺北:華正,1984 年。

23. 〔宋〕鄧椿,《畫繼雜說》,臺北:華正,1984 年。

24. 〔宋〕祝穆,《宋本方輿勝覽》,上海:上海古籍,1991 年。

25. 〔宋〕陳元靚,《事林廣記》,北京:中華,1963 年。

26. 〔元〕脫脫,《宋史》,臺北:藝文,1982 年。

27. 〔明〕羅貫中,《三國演義》,臺北:河洛,1980 年。

28. 〔明〕王懋德等,《金華府志》,《中國史學叢書》第 1 冊,臺北:學生書局,1966 年。

29. 〔明〕任自垣,《敕建大嶽太和山志》,武漢:湖北人民,1999 年。

30. 〔明〕李賢等,《明一統志》,《景印文淵閣四庫全書》史部第 230 冊,臺北:臺灣商務,1986 年。

31. 〔明〕皇甫信,《吳縣志》,上海:上海書店,1990 年。

32. 〔明〕黃佐,《南雍志》,臺北:偉文,1976 年。

33. 〔明〕何良俊,《四友齋叢說》,北京:中華,1982 年。

34. 〔明〕章潢,《圖書編》,臺北:成文,1971 年。

35. 〔明〕章潢,《圖書編》,《景印文淵閣四庫全書》子部第 274～278 冊,臺北:臺灣商務,1986 年。

36. 〔明〕王圻,《三才圖會》,上海:上海古籍,1988 年。

37. 〔明〕王圻,《三才圖會》,臺北:成文,1970 年。

38. 〔明〕楊爾曾,《新鐫海內奇觀》,上海:上海古籍,1994 年。

39. 〔明〕傅鳳翔,《皇明詔令》,臺北:成文,1967 年。

40. 〔明〕焦竑,《國史經籍志》,《叢書集成新編》第 1 冊,臺北:新文豐,1985 年。

41. 〔明〕郁迪光,《始青閣稿》,《四庫禁燬書叢刊》集部第 103 冊,北京:

北京出版社，2000 年。

42. 〔明〕李維禎，《山西通志》，《稀見中國地方志彙刊》第 4 冊，北京：中國書店，1992 年。

43. 〔明〕凌雲翼等，《大嶽太和山志》，武漢：湖北人民，1999 年。

44. 〔明〕謝肇淛，《小草齋集》，《四庫全書存目叢書》集部第 176 冊，台南：莊嚴文化，1997 年。

45. 〔明〕袁宏道，《袁中郎全集》，臺北：偉文，1976 年。

46. 艾儒略著、謝方校譯，《職方外紀》，北京：中華，1996 年。

47. 〔明〕朱之蕃，《金陵圖詠》，《中國方志叢書》華中地區第 439 號，臺北：成文，1983 年。

48. 〔明〕方汝浩，《禪真逸史》，杭州：浙江古籍，1987 年。

49. 《嘉靖山東通志》，《天一閣藏明代方志選刊續編》第 51～52 冊，上海：上海書店，1990 年。

50. 〔清〕蔣超，《峨嵋山志》，《續修四庫全書》史部第 726 冊，上海：上海古籍，1995 年。

51. 〔清〕顧祖禹，《讀史方輿紀要》，臺北：新興，1967 年。

52. 〔清〕王翬，《清暉畫跋》，《歷代論畫名著彙編》，北京：文物，1982 年。

53. 〔清〕聖祖，《全唐詩》，臺北：明倫，1971 年。

54. 〔清〕陳夢雷，《松鶴山房文集》，《續修四庫全書》第 1416 冊，上海：上海古籍，2002 年。

55. 〔清〕張廷玉等，《明史》，臺北：藝文，1982 年。

56. 〔清〕周翼等，《鄒縣志》，《中國方志叢書》華北地方第 380 號，臺北：成文，1976 年。

57. 〔清〕張庚，《國朝畫徵錄》，上海：上海書畫，1996 年。

58. 〔清〕王河等，《欽定盛京通志》，《中國邊疆叢書》第 1 輯第 1 冊，臺北：文海，1965 年。

59. 〔清〕允祿等，《世宗憲皇帝上諭內閣》，《景印文淵閣四庫全書》史部第 414 冊，臺北：臺灣商務，1986 年。

60. 〔清〕王槩，《大嶽太和山紀略》，《故宮珍本叢刊》第 261 冊，海口：海南出版社，2001 年。

61. 〔清〕高晉等，《南巡盛典》，《中國清代宮廷版畫》，合肥：安徽美術，2002 年。

62. 《大清聖祖仁皇帝實錄》，北京：中華，1986 年。

63. 〔清〕章學誠，《文史通義》，北京：中華，1985 年。

64. 〔清〕永瑢等,《四庫全書總目提要》,《萬有文庫薈要》第 5 冊,臺北：臺灣商務,1965 年。

65. 〔清〕魏源,《魏源集》,北京：中華,1976 年。

66. 〔清〕龍文彬,《明會要》,《續修四庫全書》史部 793 冊,上海：上海古籍,1995 年。

67. 〔清〕黃彭年等,《畿輔通志》,臺北：華文,1968 年。

68. 〔清〕秦祖永,《桐陰論畫》,《歷代論畫名著彙編》,北京：文物,1982 年。

69. 〔清〕胡敬,《國朝院畫錄》,《畫史叢書》第 3 冊,臺北：漢華文化,1973 年。

70. 〔清〕李桓,《國朝耆獻類徵初編》,臺北：文有,1970 年。

71. 《清史滿漢大臣列傳》第 37 冊,清內府朱絲欄寫本,國立故宮博物院藏本。

二、今人著述（以姓氏筆畫排序,同一位作者之作品以出版年排序）

1. 《三希堂畫譜》,濟南：山東美術,2000 年。

2. 《山水畫式》,濟南：山東美術,2000 年。

3. 《山水入門》,濟南：山東美術,2000 年。

4. 于浴賢,《六朝賦述論》,保定：河北大學,1999 年。

5. 中國科學院北京天文臺,《中國地方志聯合目錄》,北京：中華,1985 年。

6. 中國美術全集編輯委員會,《中國美術全集》,繪畫編第 20 輯〈版畫〉,上海：上海美術,1988 年。

7. 王伯敏,《中國版畫史》,香港：南通圖書,1986 年。

8. 王伯敏,《中國美術通史》,濟南：山東教育,1996 年。

9. 王立群,《中國古代山水遊記研究》,北京：中國社會科學,2008 年。

10. 《古今圖書集成圖集》編委會,《古今圖書集成圖集》,濟南：齊魯,2006 年。

11. 周宗奇,《清代文字獄》,北京：人民文學,2010 年。

12. 周維權,《中國古典園林史》,臺北：明文,1991 年。

13. 朱士嘉,《中國地方志綜錄》,臺北：新文豐,1975 年。

14. 朱賽虹,《清宮殿本版畫》,北京：紫禁城,2002 年。

15. 朱賽虹等,《中國出版通史》清代卷上,北京：中國書籍,2008 年。

16. 吳哲夫,《版畫的歷史》,臺北：行政院文化建設委員會,1986 年。

17. 吳哲夫,《中華五千年文物集刊》〈版畫篇〉,臺北：中華五千年文物集刊

編輯委員會，1991 年。

18. 李約瑟，《中國之科學與文明》第 6 冊，臺北：台灣商務，1972 年。

19. 李文初等，《中國山水文化》，廣州：廣東人民，1996 年。

20. 李國慶，《明代刻工姓名索引》，上海：上海古籍，1998 年。

21. 吳孟復，《中國畫論》，合肥：安徽美術，1995 年。

22. 何平立，《崇山理念與中國文化》，濟南：齊魯，2001 年。

23. 周心慧，《中國古版畫通史》，北京：學苑，2000 年。

24. 周心慧，《中國古代戲曲版畫集》，北京：學苑，2000 年。

25. 周心慧、王致軍，《徽派武林蘇州版畫集》，北京：學苑，2000 年。

26. 周心慧，《中國版畫史叢稿》，北京：學苑，2002 年。

27. 周蕪，《中國版畫史圖錄》，上海：上海人民，1984 年。

28. 周蕪，《徽州版畫史論集》，合肥：安徽人民，1984 年。

29. 周蕪，《中國古本戲曲插圖選》，天津：天津人民美術，1985 年。

30. 來新夏，《中國地方志》，臺北：臺灣商務，1995 年。

31. 孟白等，《中國古典風景園林圖彙》，北京：學苑，2000 年。

32. 孟繁樹等，《中華藝術通史》清代卷上編，北京：北京師範大學，2006 年。

33. 故宮博物院，《清代宮廷版畫》，北京：紫禁城，2006 年。

34. 翁連溪，《清代宮廷版畫》，北京：文物，2001 年。

35. 國立中央圖書館，《明代版畫藝術圖書特展專輯》，臺北：國立中央圖書館，1989 年。

36. 清史委員會，《清代人物傳稿》，北京：中華，1995 年。

37. 曹樹基，《中國人口史》〈明時期〉，上海，復旦大學，2000 年。

38. 陳怡蓉，《巧繪剞工——丁雲鵬徽派版畫之略考》，臺北：文史哲，2003 年。

39. 傅惜華，《中國古典文學版畫選集》，上海：上海人民美術，1981 年。

40. 傅璇琮，《全宋詩》第 6 冊，北京：北京大學，1998 年。

41. 楊家駱，《古今圖書集成》，臺北：鼎文，1977 年。

42. 楊家駱，《古今圖書集成序例，簡目彙編》，臺北：鼎文，1977 年。

43. 鄒逸麟，《中國歷史地理概述》，上海：上海教育，2007 年。

44. 裴芹，《古今圖書集成研究》，北京：北京圖書館，2001 年。

45. 齊秀梅、楊玉良等，《清宮藏書》，北京：紫禁城，2005 年。

46. 廖奔、劉曉路，《中華藝術通史》五代兩宋遼西夏金卷下編，北京：北京師範大學，2006 年。

47. 鄭振鐸，《劫中得書記》，上海：古典文學，1956 年。

48. 鄭振鐸，《中國古代木刻畫選集》，上海：上海人民美術，1985 年。

49. 鄭振鐸，《中國古代版畫叢刊》第 2 編第 8 輯，上海：上海古籍，1994 年。

50. 鄭振鐸，《中國古代木刻版畫史略》，上海：上海書店，2006 年。

51. 劉昕，《中國古版畫》地理卷，長沙：湖南美術，1999 年。

52. 錢存訓先生八十生日祝壽論文集編集委員會，《中國圖書文史論集》，臺北：正中，1991 年。

53. 謝凝高，《中國的名山與大川》，臺北：台灣商務，1994 年。

54. 謬咏禾，《中國出版通史》明代卷，北京：中國古籍，2008 年。

55. 羅筠筠、許明，《華夏審美風尚史》第八卷，鄭州：河南人民，2000 年。

三、學位論文（以出版年排序）

1. 陳怡蓉，《丁雲鵬與徽派版畫之研究》，臺北：中國文化大學藝術研究所碩士論文，1990 年。

2. 黃貞燕，《清初山水版畫〈太平山水圖畫〉研究》，臺北：臺灣大學藝術史研究所碩士論文，1994 年。

3. 馬銘浩，《中國版畫畫譜研究》，臺北：中國文化大學中國文學研究所博士論文，1997 年。

4. 郭姿吟，《明代書籍出版研究》，臺南：成功大學歷史研究所碩士論文，2002 年。

5. 孫永忠，《類書淵源與體例形成之研究》，臺北：輔仁大學中國文學系博士論文，2005 年。

6. 吳映玟，《明末清初版畫與朝鮮後期繪畫關係之研究》，臺北：臺灣師範大學美術學系碩士論文，2005 年。

7. 吳清輝，《古今圖書集成相關問題研究》，臺北：東吳大學中國文學研究所博士論文，2006 年。

8. 陳昱全，《北宋御製秘藏詮版畫研究》，臺北：臺灣師範大學美術學系碩士論文，2008 年。

9. 王雙陽，《古代西湖山水圖研究》，杭州：中國美術學院博士論文，2009 年。

四、期刊論文

1. 張秀民，《清代的銅活字》，載《文物》，1962 年第 1 期。

2. 李成美，〈高麗初雕大藏經的御製秘藏詮版畫——高麗初期山水畫的研

究〉，載韓國美術史學會《考古美術》，1986 年卷 169～170。

3. 張國標，〈簡論徽派版畫黃氏家族等主要刻工〉，載《東南文化》，1994 年第 1 期。

4. 裴芹、李智海，〈《古今圖書集成》與方志〉，載《內蒙古民族師院學報》哲社版，1999 年第 1 期。

5. 徐潔，〈談談中國古籍插圖的幾種類型〉，載浙江省圖書館《圖書館建設》，2001 年第 01 期。

6. 李世龍，〈中國古代帝王巡遊活動論述〉，載《齊魯學刊》，2001 年第 04 期。

7. 翁連溪，〈清內府武英殿刊刻版畫〉，載《收藏家》，2001 年第 08 期。

8. 孫永忠，〈三才圖會研究〉，載《輔仁國文學報》，2003 年 1 月第 19 期。

9. 趙達雄，〈中國古籍的插圖〉，載《中國文化月刊》，2004 年第 278 期。

10. 周振鶴，〈從明人文集看晚明旅遊風氣的形成〉，載《復旦學報》社會科學版，2005 年第 01 期。

11. 陳寶良，〈從旅游觀念看明代文人士大夫的閒暇生活〉，載《西南大學學報》人文社會科學版，2006 年第 02 期。

12. 凌柯，〈古代中國山水園林版畫與歐洲風景園林版畫的比較〉，載《美與時代》，2006 年 6 月。

13. 楊敦堯，〈圖寫興亡：實景山水圖在清初金陵社會網絡中的意涵〉，載臺灣藝術大學《書畫藝術學刊》，2006 年第 4 期。

14. 李珮詩，〈明亡前後金陵勝景圖象之研究——以松巒古寺爲例〉，載臺灣藝術大學《書畫藝術學刊》，2008 年第 4 期。

15. 向斯，〈清宮武英殿刻本〉，載《東方藝術》，2006 年第 18 期。

16. 史五一，〈簡析清代方志中的輿圖〉，載《廣西地方志》，2009 年第 01 期。

17. 劉愛民、崔龍范，〈淺談木刻版畫的審美特點〉，載《大眾文藝理論》，2009 年第 11 期。

18. 呂季如，〈鐫畫山水——院藏赤壁圖版畫賞析〉，載國立故宮博物院《故宮文物月刊》，2009 年第 315 期。

五、網路資料

1. 故宮東吳數位《古今圖書集成》
http://192.83.187.228/gjtsnet/index.htm

2. 聯合百科電子出版有限公司「標點版古今圖書集成」
http://www.greatman.com.tw/ancientclassics.htm

3. 國立故宮博物院「善本古籍資料庫」

http://npmhost.npm.gov.tw/tts/npmmeta/RB/RB.html

4. 名山古刹——《中國佛寺志》數位典藏
   http://dev.ddbc.edu.tw/fosizhi/gazetteerSortTime.html

5. 林仲湘等 《古今圖書集成》經緯目錄
   http://gjtsjc.gxu.edu.cn/jwml.aspx

附錄 《集成·山川典》插圖地點及〈彙考〉總題一覽

	卷次	山部名稱	圖 名	插圖地點	〈彙考〉總題
1	9	長白山部	長白山圖	盛京	奉天府東北之長白山
2	9	醫巫閭山部	醫巫閭山圖	盛京	北鎮醫巫閭
3	9	十三山部	十三山圖	盛京	遼西之十三山
4	10	西山部	西山圖	直隸	京師之西山
5	11	天壽山部	天壽山圖	直隸	明諸陵之天壽山
6	12	盤山部	盤山圖	直隸	薊州之盤山
7	12	燕山部	燕山圖	直隸	京東之燕山
8	12	大伾山部	大伾山圖	直隸	禹貢之大伾
9	13	泰山部	東嶽泰山圖	山東	東嶽泰山
10	23	歷山部（彙考一）〔1〕	歷城縣歷山圖	山東	濟南府之歷山
11	23	歷山部（彙考二）	濮州歷山圖	山東	濮州之歷山
12	23	歷山部（彙考三）	費縣歷山圖	山東	費縣之歷山
13	23	歷山部（彙考四）	蒲州歷山圖	山西	蒲州之歷山
14	23	歷山部（彙考五）	上虞歷山圖	浙江	上虞之歷山
15	23	歷山部（彙考六）	餘姚歷山圖	浙江	餘姚之歷山
16	23	歷山部（彙考七）	蕭山縣歷山圖	浙江	蕭山縣之歷山

17	23	歷山部（彙考八）	延慶州歷山圖	直隸	延慶州之歷山
18	23	華不注山部	華不注山圖	山東	左傳之華不注
19	24	徂徠山部	徂徠山圖	山東	魯頌之徂徠
20	24	新甫山部	新甫山圖	山東	魯頌之新甫
21	24	長白山部	長白山圖	山東	濟南府之長白山
22	25	尼山部	尼山圖	山東	曲阜之尼丘
23	25	龜山部	龜山圖	山東	魯頌之龜山
24	25	蒙山部	蒙山圖	山東	禹貢之蒙山 魯頌之蒙山 顓臾之東蒙
25	26	梟山部	梟山圖	山東	魯頌之梟繹
26	26	嶧山部	嶧山圖	山東	禹貢之嶧陽 魯頌之梟繹
27	26	羽山部	羽山圖	山東	舜殛鯀之羽山
28	26	牛山部	牛山圖	山東	齊景公所登之牛山
29	27	沂山部	沂山圖	山東	東鎮沂山
30	27	雲門山部	雲門山圖	山東	青州之雲門山
31	28	琅琊山部	琅琊山圖	山東	山海經之琅琊臺
32	28	成山部	成山圖	山東	史記八祠之成山
33	29	之罘山部	之罘山圖	山東	史記八祠之之罘山
34	29	大崑崳山部	大崑崳山圖	山東	麻姑修道之崑崳山
35	29	勞山部	勞山圖	山東	東海之勞山
36	30	蓬萊山部	蓬萊山圖	山東	海上三山之蓬萊山
37	31	五臺山部	五臺山圖	山西	華嚴經之清涼山
38	35	中條山部	中條山圖	山西	左傳之王官 山海經之甘棗山 史記之薄裏山
39	36	姑射山部	姑射山圖	山西	山海經之列姑射 莊子之藐姑射
40	36	壺口山部	壺口山圖	山西	禹貢之壺口
41	37	首陽山部（彙考一）[2]	蒲州首陽山圖	山西	蒲州之首陽山
42	37	首陽山部（彙考二）	河南首陽山圖	山西	偃師縣之首陽山

13	37	首陽山部（彙考三）	直隸首陽山圖	河南	永平府之首陽山
44	37	首陽山部（彙考四）	陝西首陽山圖	直隸	鞏昌府之首陽山
45	37	五老山部	五老山圖	山西	臨晉之五老山
46	38	夏屋山部	夏屋山圖	山西	史記之夏屋
47	38	龍門山部	龍門山圖	山西	禹貢之龍門
48	38	孟門山部	孟門山圖	山西	山海經之孟門山
49	39	底柱山部	底柱山圖	山西	禹貢之底柱
50	40	霍山部	中鎮霍山圖	山西	中鎮霍山
51	41	恆山部	北嶽恆山圖	山西	北嶽恆山
52	45	呂梁山部	呂梁山圖	山西	禹貢之梁山
53	45	白登山部	白登山圖	山西	史記之白登山
54	45	鴈門山部	鴈門山圖	山西	山海經之鴈門山
55	45	析城山部	析城山圖	山西	禹貢之析城
56	45	王屋山部	王屋山圖	山西	禹貢之王屋
57	46	太行山部	太行山圖	跨直隸、河南、山西	禹貢之太行
58	49	林慮山部	林慮山圖	河南	太行山以東之林慮山
59	51	廣武山部	廣武山圖	河南	楚漢相拒之廣武山
60	52	具茨山部	具茨山圖	河南	山海經之大騩山 水經注之具茨山
61	52	伊闕山部	伊闕山圖	河南	左傳之闕塞 水經之伊闕
62	53	蘇門山部	蘇門山圖	河南	晉孫登隱處之蘇門山
63	54	北邙山部	北邙山圖	河南	河南府之北邙山
64	54	熊耳山部	熊耳山圖	河南	伊洛發源之熊耳山
65	55	嵩山部	中嶽嵩山圖	河南	中嶽嵩山
66	63	箕山部（彙考一）〔3〕	登封箕山圖	河南	登封縣之箕山
67	63	箕山部（彙考二）	平陸縣箕山圖	山西	平陸縣之箕山
68	63	箕山部（彙考三）	眞定府箕山圖	直隸	眞定府之箕山

69	63	箕山部（彙考四）	遼州箕山圖	山西	遼州之箕山
70	63	箕山部（彙考五）	莒州箕山圖	山東	莒州之箕山
71	63	緱山部	緱山圖	河南	王子晉承鶴吹笙之緱山
72	64	嵇山部	嵇山圖	河南	左傳之殽陵
73	64	香山部	香山圖	河南	唐白居易九老會之香山
74	64	女几山部	女几山圖	河南	宜陽縣之女几山
75	64	桐柏山部	桐柏山圖	河南	淮水所出之桐柏山
76	65	終南山部	終南山圖	陝西	禹貢之終南
77	66	驪山部	驪山圖	陝西	秦始皇營葬之驪山
78	66	武功山部	武功山圖	陝西	太白山南之武功山
79	67	華山部	西嶽華山圖	陝西	西嶽華山
80	75	太白山部	太白山圖	陝西	郿縣之太白山
81	77	吳山部	西鎮吳山圖	陝西	西鎮吳山
82	77	金牛峽部	金牛峽圖	陝西	蜀五丁所開之金牛峽
83	78	崆峒山部	崆峒山圖	陝西	山海經之高山 史記之空桐
84	79	仇池山部	仇池山圖	陝西	鞏昌府之仇池山
85	80	崑崙山部	崑崙山圖	陝西	黃河發源之崑崙山
86	81	鍾山部	鍾山圖	江南	明孝陵之鍾山
87	82	攝山部	攝山圖	江南	江寧府之攝山
88	82	牛首山部	牛首山圖	江南	晉王導所稱之天闕
89	82	天印山部	天印山圖	江南	秦始皇所鑿之方山 道書天印山
90	83	茅山部	茅山圖	江南	漢茅氏兄弟昇仙之茅山
91	84	浮渡山部	浮渡山圖	江南	隋書之浮渡山
92	85	潛山部	潛山圖	江南	漢武帝所封之南嶽
93	87	黃山部	黃山圖	江南	黃帝與容成子浮丘公煉丹之黃山
94	89	白嶽山部	白嶽山圖	江南	徽州府之白嶽山
95	90	敬亭山部	敬亭山圖	江南	李太白獨坐題詩之敬亭山
96	90	齊山部	齊山圖	江南	唐杜牧之九日所登之齊山
97	91	九華山部	九華山圖	江南	唐李白所遊之九子山
98	92	采石山部	采石山圖	江南	明常遇春爭先破敵之采石磯

99	92	琅琊山部	琅琊山圖	江南	滁州之琅琊山
100	93	八公山部	八公山圖	江南	漢淮南王劉安與客同登之八公山
101	93	朐山部	朐山圖	江南	秦始皇立石之朐山
102	94	狼山部	狼山圖	江南	通州之狼山
103	95	虎丘山部	虎丘山圖	江南	越絕書之虎丘
104	95	支硎山部	支硎山圖	江南	晉支遁隱處之支硎山
105	96	洞庭山部	洞庭兩山圖	江南	太湖之洞庭山
106	97	天平山部	天平山圖	江南	蘇州府之天平山
107	97	靈巖山部	靈巖山圖	江南	吳官舊地之靈巖山
108	97	九峰部	九峰山圖	江南	雲間之九峰
109	98	惠山部	惠山圖	江南	天下第二泉之惠山
110	99	張公洞部	張公洞圖	江南	漢張道陵修道處
111	99	善權洞部	善權洞圖	江南	舜時善卷隱居之洞
112	100	北固山部	北固山圖	江南	梁武帝所登之北固山
113	101	金山部	金山圖	江南	揚子江中之金山
114	104	焦山部	焦山圖	江南	揚子江中之焦山
115	105	吳山部	吳山圖	浙江	吳越界之吳山
116	105	秦望山部	秦望山圖	浙江	秦始皇望南海所登之山
117	105	靈隱山部	靈隱山圖	浙江	杭州之靈隱山
118	106	大滌山部	大滌山圖	浙江	餘杭之大滌山
119	107	天目山部	天目山圖	浙江	輿地志之天目山
120	108	徑山部	徑山圖	浙江	天目東北之徑山
121	109	四明山部	四明山圖	浙江	道書第九洞天之四明山
122	110	峴山部	峴山圖	浙江	湖州府之顯山
123	110	招寶山部	招寶山圖	浙江	東南諸番入貢停舶之招寶山
124	111	雪寶山部	雪寶山圖	浙江	宋理宗夢遊之雪寶山
125	112	會稽山部	會稽山圖	浙江	南鎮會稽山
126	113	東山部	東山圖	浙江	晉謝安攜妓往遊之東山
127	114	雲門山部	雲門山圖	浙江	晉王獻之所居之雲門山
128	115	五洩山部	五洩山圖	浙江	紹興府之五洩山
129	116	龍泉山部	龍泉山圖	浙江	水經注之緒山
130	116	沃洲山部	沃洲山圖	浙江	道書第十五福地之沃洲

131	116	天姥山部	天姥山圖	浙江	道書第十四福地之天姥岑
132	117	普陀山部	普陀山圖	浙江	南海中之補陀山
133	121	天台山部	天台山圖	浙江	漢劉晨阮肇遇仙之天台山
134	127	金華山部	金華山圖	浙江	道書第三十六洞天之金華山
135	129	爛柯山部	爛柯山圖	浙江	晉樵者王質觀奕爛柯之石室
136	129	三衢山部	三衢山圖	浙江	常山縣之三衢山
137	130	富春山部	富春山圖	浙江	漢嚴子陵之釣臺
138	131	小金山部	小金山圖	浙江	淳安縣之小金山
139	131	大羅山部	大羅山圖	浙江	黃帝修道之仙巖山 東越王所居之泉山
140	132	鴈蕩山部	鴈蕩山圖	浙江	溫州府城東北之鴈蕩山
141	132	南鴈蕩山部	南鴈蕩山圖	浙江	溫州府城西南之鴈蕩山
142	134	仙都山部	仙都山圖	浙江	道書第二十九洞天之仙都山
143	135	西山部	西山圖	江西	豫章之西山
144	136	仙巖山部	仙巖山圖	江西	饒州廣信二府界之仙巖山
145	137	廬山部	廬山圖	江西	山海經之三天子鄣山
146	145	小孤山部	小孤山圖	江西	江中特立之小孤山
147	146	馬當山部	馬當山圖	江西	古稱山水俱險之馬當山
148	146	石鐘山部	石鐘山圖	江西	九江府之石鐘山
149	147	龍虎山部	龍虎山圖	江西	漢張道陵所居之龍虎山
150	149	麻姑山部	麻姑山圖	江西	道書第二十八洞天之麻姑山
151	150	匡山部	匡山圖	江西	廬山南之匡山
152	150	閤皂山部	閤皂山圖	江西	道書第三十三福地之閤皂山
153	151	玉笥山部	玉笥山圖	江西	漢武帝築壇祈仙之玉笥山
154	151	蟠龍山部	蟠龍山圖	江西	袁州府之蟠龍山
155	152	金精山部	金精山圖	江西	道書第三十五福地之金精山
156	152	大庾嶺部	大庾嶺圖	江西	江西廣東之梅嶺
157	153	樊山部	樊山圖	湖廣	水經之樊口
158	153	赤壁山部	赤壁山圖	湖廣	吳周瑜破魏兵之赤壁
159	153	大別山部	大別山圖	湖廣	禹貢之大別
160	154	赤嶂山部	赤嶂山圖	湖廣	水經之赤鼻山
161	154	峴山部	峴山圖	湖廣	晉羊祜所登之峴山
162	154	鹿門山部	鹿門山圖	湖廣	後漢龐德公隱處之鹿門山

163	155	武當山部	武當山圖	湖廣	後漢書之武當山 水經注之太和山
164	159	大洪山部	大洪山圖	湖廣	水經注之大洪山
165	159	仙女洞部	仙女洞圖	湖廣	京山縣之仙女洞
166	159	龍山部	龍山圖	湖廣	晉桓溫九日與孟嘉同登之龍山
167	160	君山部	君山圖	湖廣	山海經之洞庭山
168	160	嶽麓山部	嶽麓山圖	湖廣	長沙府之嶽麓山
169	161	桃源山部	桃源山圖	湖廣	晉漁人遇秦避世之桃花源
170	163	衡山部	衡山圖	湖廣	南嶽衡山
171	169	九疑山部	九疑山圖	湖廣	舜陵之九疑山
172	171	雲山部	雲山圖	湖廣	道書第六十九福地之雲山
173	171	二酉山部	二酉山圖	湖廣	秦人藏書之二酉山
174	171	月巖山部	月巖山圖	湖廣	周子擬畫太極圖之月巖
175	171	澹山巖部	澹山巖圖	湖廣	永州府之澹巖
176	171	朝陽巖部	朝陽巖圖	湖廣	唐元結所遊之朝陽巖
177	171	西山部	西山圖	湖廣	唐柳宗元宴遊之西山
178	172	青城山部	青城山圖	四川	道書第五洞天之青城山
179	172	修覺山部	修覺山圖	四川	唐明皇駐蹕之修覺山
180	172	岷山部	岷山圖	四川	長江發源之岷山
181	173	峨眉山部	峨眉山圖	四川	四川嘉定州之峨眉山
182	178	雲臺山部	雲臺山圖	四川	漢張道陵昇仙之雲臺山
183	178	七曲山部	七曲山圖	四川	文昌著靈之七曲山
184	178	平蓋山部	平蓋山圖	四川	叙州之平蓋山
185	178	安樂山部	安樂山圖	四川	隋劉眞人登仙之安樂山
186	178	邛崍山部	邛崍山圖	四川	山海經之崍山
187	180	方廣巖部	方廣巖圖	福建	宋黃非熊讀書之方廣巖
188	180	壺公山部	壺公山圖	福建	興化府之壺公山
189	181	武夷山部	武夷山圖	福建	道書第十六洞天之武夷山
190	185	泉山部	泉山圖	福建	泉州府之泉山
191	185	九目山部	九日山圖	福建	唐秦系棲隱之九日山
192	185	岐山部	岐山圖	福建	漳州府之岐山
193	186	栟櫚山部	栟櫚山圖	福建	宋李綱所稱之小武夷

194	186	七臺山部	七臺山圖	福建	唐道人劉聖者所居之七臺山
195	186	蓮峰山部	蓮峰山圖	福建	連城縣之蓮峰山
196	186	霍童山部	霍童山圖	福建	道書第一洞天之霍童山
197	188	韶石山部	韶石山圖	廣東	虞舜南巡所登之韶石
198	188	東山部	東山圖	廣東	唐韓愈所遊之東山
199	189	羅浮山部	羅浮山圖	廣東	道書第七洞天之羅浮山
200	192	白鶴峰部	白鶴峰圖	廣東	宋蘇東坡所遊之白鶴峰
201	192	七星巖部	七星巖圖	廣東	肇慶府之七星巖
202	193	桂林山部	桂林山圖	廣西	山海經之桂林
203	193	隱山部	隱山圖	廣西	唐李渤所開之隱山
204	193	都嶠山部	都嶠山圖	廣西	道書第二十洞天之都嶠山
205	194	勾漏山部	勾漏山圖	廣西	道書第二十二洞天之勾漏山洞
206	194	白石山部	白石山圖	廣西	道書第二十一洞天之白石山
207	194	眞仙巖部	眞仙巖圖	廣西	宋太宗藏書之眞仙巖
208	195	點蒼山部	點蒼山圖	雲南	大理府之點蒼山
209	196	雞足山部	雞足山圖	雲南	洱海畔之雞足山
210	196	雪山部	雪山圖	雲南	雲南雪山
211	196	方丈山部	方丈山圖	雲南	鶴慶府之方丈山
212	196	阿盧山部	阿盧山圖	雲南	仙洞阿盧山
213	196	飛雲巖部	飛雲巖圖	雲南	平越府之飛雲巖

【註釋】

〔1〕舜耕之歷山，歷來有多種說法，此處地點以〈彙考一〉之山東「歷城縣歷山圖」為主，以下七幅歷山圖，續列參之。

〔2〕夷齊隱居之首陽山，歷來有多種說法，此處地點以〈彙考一〉之山西「蒲州首陽山圖」為主，以下三幅歷山圖，續列參之。

〔3〕許由巢父隱處之箕山，歷來有多種說法，此處地點以〈彙考一〉之河南「登箕山圖」為主，其餘四圖，續列參之。